日本標o.24

# 生徒が主人公になる高校英語の授業
## ─ パフォーマンス評価で，学び合う生徒たちを育てる ─

### 田中容子・西岡加名恵

表紙写真　京都府立園部高等学校

# まえがき

　今，私たちは，かつてなくグローバル化した世界に生きています。2021年1月現在，コロナ禍により国と国との間の行き来は一時的に縮小していますが，インターネットの発達で情報のやり取りは急速に増しています。しかしながらその半面で，人々の間の分断は，いっそう増しているようにも思われます。国と国との間のみならず，さまざまな国の内部で経済格差が拡大し，排他主義が勢いを増しています。厚生労働省の2019年国民生活基礎調査によれば，日本における子どもの貧困率は13.5パーセントに上り，コロナ禍の影響でますます深刻化することが予想されます。そうしたなかで，社会の担い手となる若者たちに共通に保障すべき学力とは何かが，改めて問われているといえるでしょう。

　本書で実践を報告されている田中容子先生は，全国区の難関大学を志望する生徒たちから卒業後に就職していく生徒たちまで，さまざまな進路希望をもつ生徒たちが学ぶ高等学校で，永年，英語教育に携わってこられました。当校では，同じ学校内に多様な進路希望をもつ生徒たちが複数のコースに分かれて学んでいるという状況において，どの生徒にも希望する進路を実現させるべく，日々先生方が奮闘されています。そしてそこには，「受験があるから」という目標の立て方ではない，豊かに生きるための学力保障という願いがあります。

　田中先生は，そこでの多様なコースすべてで英語科を担当する経験をされてきました。そのなかには，中学校までの学習に苦労した経験で，自分には英語なんて要らないと見切りをつけて，教師に向けて「ほっとけ！」と叫ぶ生徒たちもいましたが，そのような生徒たちにも，卒業時までには「辞書を用いれば英語で書かれたニュース（新聞やウェブページ）が読めて必要な情報を得ることができる，自分と身の回りのことについて簡単な英語を使って

表現でき，意見形成ができる」力を育てるという「覚悟」をもって，実践に取り組んでこられたのです。

　学習に背を向けた生徒たちの，友達同士の関係も希薄なクラスでは，まずは教師が一人ひとりの生徒と人間関係を築き，生徒たちにとって楽しくてやりがいの感じられるパフォーマンス課題を提供しました。パフォーマンス課題というのは，知識やスキルを総合して使いこなすことを求めるような課題のことです。英語科の場合は，物語や論説文などの作品を作ったり，朗読や会話，プレゼンテーションやディスカッションなどを実施したりという課題が典型的です。つまり，生徒たちが英語を使ってリアルに自己表現する機会を提供しました。さらに，そういった課題に取り組むうえでの基礎となる文法事項を理解させる指導を積み重ねていかれました。

　生徒たちからの信頼を得て，つまずきを乗り越えさせる指導を行い，生徒たちに自信を獲得させていくプロセスは，まるで「パイ生地を重ねる」ようだと，田中先生は語ります。一枚一枚の「生地」はとても薄く，教師にとって効果を実感するのはきわめて困難な道のりなのですが，「どうせできない」ではなく「どのようにしたらできるようになるだろう」と教師が考えて取り組みを重ねた結果，「自分は受け入れられている」と感じた生徒たちは英語を用いて自分を表現しはじめていきました（第1章に登場する生徒たちが2年生の時に公開授業が行われましたが，授業見学に来られた先生方に生徒たちが英語でインタビューする姿を見て，その生徒たちを教えた中学校の先生方がびっくりされた，というエピソードが思い出されます）。そうしたなかで，授業中に友人たちを助ける姿が見られるなど，生徒たちのやさしさも発揮されるようになっていったのです。

　これらの生徒たちとの授業で評価に組み込まれたパフォーマンス課題は，生徒たちの学びの多角的な発見という効果を生むとともに，生徒たちの言語活動への意欲もはぐくみました。そしてこの経験はいわゆる「偏差値の高い」生徒たちで構成されるコースにおいても生かされ，生徒たちに歓迎され，

英語科全体で取り組まれるようになっていきました。すべての生徒が伸びるという実感が共有されたことにより，共通の教科書が使われるようにもなっていきました。

　読者の皆さんは，なぜ，田中先生はこのような実践を成し遂げえたのだろうと疑問に思われることでしょう。物腰柔らかで，いつもにこやかに笑っておられる田中先生の根っこには，すべての子どもたちには本来，学ぶ意欲と可能性があり，教師は学ぶ権利を保障しなくてはならない，という確固たる信念があります。そして，その信念を実現するために，田中先生ご自身がよく学ぶ方でもあります。読者の皆さんには，本書70ページに記されている参考文献一覧にも注目していただきたいと思っています。

　なお，本書では田中先生の英語教育に焦点を合わせましたが，田中先生は生活指導論や学校でのカリキュラム改善においても，優れた実践を積み重ねてこられた先生です。それらの一端については，拙編著『特別活動と生活指導』（協同出版）や同『パフォーマンス評価で生徒の「資質・能力」を育てる』（学事出版）にてご報告いただいているので，あわせてご覧いただければ幸いです。


　　　　　　　　　　　　　　　　　　　　　　　西岡加名恵

# はじめに ── 学校を "新しい自分と出会う場" に

　私は，40年近く教育に携わってきた経験のなかで，実に多様な生徒たちに出会ってきました。主に高等学校において生徒たちとつくってきた授業のなかで，私が考え続け，教えられてきたのは，「人が育つ」ということです。人が何かを学ぶという行為は，往々にして表面的な知識の量のみに注目して評価されてしまいがちですが，学び・考え・実践するという行為を通して人が変化し成長していく，新しい何かを学び取っていくプロセスにこそ注目し，豊かなものにしていかなければならないのだと実感しています。

　本書に登場する授業や教材は，すべて2007年度から2016年度までのある京都府立高校における実践のなかから生まれたものです（生徒名は仮名）。そこで学ぶ生徒たちは多彩で，進路先は就職からいわゆる超難関大学まで，さまざまでした。そこには異なる3つのコース（普通科・中高一貫コース・京都国際科）があり，それらのコースは進路希望や学習面での興味関心がそれぞれ異なる生徒たちで構成されていました（入学選抜はコースごと）。国際理解教育に魅力を感じて入学する生徒もいましたし，英語力については辞書を使えば英字新聞が読めて簡単な意見表明ができる生徒がいる一方で，英語学習の入門期における文法理解と基本的な語彙の習得で苦労する生徒もいました。多くの府県では学校ごとに異なっている学習集団が，ここではコースとして形成され，それらが同じ学校の中に共存していたのでした。

　本書で述べている授業や生徒の姿の多くは，3つのコースのうち，普通科で発展（advanced）と基礎（basic）に分かれていた際の基礎コースの時のものです。私はすべてのコースを教えていましたが，"どのように教えれば生徒が教科内容を理解して，学んだことを自分のものにすることができるのか"について，最も多くを学ぶことができたのが普通科基礎コースにおける授業でした。そしてまた，高校入学段階での英語力の差が高校入学後の学習

経験のなかで縮小される，ということも発見することができました。

　どのコースの教室においても私が願いとしてきたことは，「生徒にとって"自分が成長した"という実感の持てる授業をつくりたい」ということです。そんな私を最も鍛えてくれたのは，最初は学びからいわば「逃走」していた生徒たちでした。

　ある年，私はひとつのクラスの授業でひどく苦労していました。授業を始めようとしても，着席してこちらを見ているのは数名だけで，多くが寝ているか，立ち歩いているか，横座りしてゲームをしているかという，まるで無法状態のようでした。その生徒たちの一人がユウジくんでした。ユウジくんは肩を揺すぶって起こそうとする私に「ほっとけ！」と叫んでずっと寝ていました。「放っておけません！」と言い返した私にユウジくんは顔も上げず，「勝手にお前の仕事しとけや！」と言い放つのでした。

　その頃，私はなんとか生徒たちの「わかる」という実感につながる教材つくりをと，悪戦苦闘していました。そんなある日，授業に使う教具・黒板に貼るためのカードを図書館で手作りしているところにユウジくんたちが通りかかりました。「こんなにたくさん一人で作ってんの？」と言うので，「授業で使うワークシートも教具もすべて自分で作っているよ。時間かかるわ」と答えると，ユウジくんは「え〜っ？　教室に来てしゃべるだけじゃないんや。時間かけて準備してるんや。センセがんばってるな！」と言ってくれたのでした。

　ユウジくんの暴言めいた発言はたんに寝起きが悪かっただけなのかもしれません。納得して理解し，理解して習得したことを生徒の文脈で使いながら英語の力を育てることをめざした授業に，彼はだんだんと起きて参加するようになり，「バイト先で英語を使って接客できた！　英会話なら任しといて！」という報告もしてくれるようになりました。やがてユウジくんの持ち前の高い理解力が授業で発揮されるようになり，英語を読み，理解し，発信する力もどんどん伸びていきました。学校の授業で目覚めた彼の学習意欲は

工務店経営のお父さんの片腕として働く今に生かされ，仕事に必要な資格を独学で次々と取得しています。

　ユウジくんが授業に参加しようと思ったきっかけは何だったのでしょう。もしかすると偶然交わした会話から教師とつながったことかもしれません。生徒たちにとって学ぶことへの入り口は，整列した教室の座席だけにあるのではないことを痛感した出来事でした。

　本書では，高校での異なるコースの多様な生徒たちとの英語の授業を舞台にして，生徒たちが学校の教科教育のなかでどのような経験と成長を遂げることができたのかを紹介していきたいと思います。

田中容子

# 第1章　教室を「つなぐ」場に——ある教室の実践から

　本章で紹介するのは，学習がかなり苦手な生徒たちで構成されていたクラス（2007-2008年度，2年生・3年生）です。「基礎的学力と学習に対する意欲の点でかなり困難を抱えている生徒が多くいる」と思われました。「はじめに」で紹介したユウジくんもこのクラスにいました。授業を担当した当初は，「私語が多くて誰も授業を聴かない」うえに，数名を除いてはみなが「じっとしていない」か「寝ている」という状況だったのです。

## バラバラの生徒たち

　どのようにしてこのクラスの生徒たちに実践的な英語力を育てるのかを考えたとき，私がまずめざしたのは生徒たちが互いに力を出し合って取り組む学習でした。1年生から2年生進級時にクラス替えがありましたが，クラスには1年時に英語のつまずき（語順の理解）を克服して一定の英文を読んだり書いたり話したりできるようになったユウジくん，アキラくん，トモくん，エリさん，タロウくんらがいました。彼・彼女らを学習の核として，生徒たちが互いに尋ね合い教え合えるような授業を展開できれば，「学習に対する意欲の点でかなり困難を抱えている多くの生徒」を学習に誘い込めると私は考えました。

　そこで，英語の歌詞を教材化しようと思いたち，「Zero Landmine」[1]を最初の教材としました。歌詞が短い単文の組み合わせで構成されていて英語が苦手な生徒でも取り組みやすいのと，地雷廃絶を訴える内容が生徒の共感を呼ぶだろうと考えたのです（このクラスは他コースとは別カリキュラムでした）。

　まず，英文を書き出して語彙欄もつけたワークシートを作成しました（資

## 資料 1-1 Zero Landmine ワークシート

| New Cosmos P.28-29 Zero Landmine 【Worksheet No.1】 | Date_____ | Number_____ | Name_____ |
| --- | --- | --- | --- |

This is my home, the land of my mother, the place I play with sisters and brothers.

The trees are rooted in the ground beneath.

Take away the violence.　Give the earth back its peace.

This is our world, our common salvation.　　　*This は何を指している？

It knows no borders.　It serves no nation.

The same sun shines equally on those beneath.

Take away the violence.　Give the earth back its peace.

There's fire in the ground, in the space between the trees, in the forests and fields on pathways, in dreams.

The stars are whispering to the ground beneath.

Take away the darkness.　Give the earth back its peace.

語彙一覧表:

land(名) 土地, 地　place(名)ところ, 場所
play(自)遊ぶ　be rooted 根付いている
ground(名)地面
beneath(副)下にある, 下にいる,
take(他)　　　away
give – back ~
peace(名)
world(名)
common salvation　私たちみんなを救ってくれ
るもの（ところ）
border(名)
serve(他)~のために尽くす, ~のために働く
nation(名)
same(形)　　　shine(自)
equally（副）等しく, 平等に
violence(名)
fire(名)　　　space(名)空間,

forest(名)　　　fields(名) 畑
pathway(名)小道　dream(名)
star(名)　　　whisper（自）ささやく
darkness(名)暗闇

出典：ZERO LANDMINE（作詞）N.M.L.　　（筆者作成。以下，特に断り書きのない場合は同じ）

料1-1）。このようなワークシートを作成したのは，書写することが苦手な生徒たちも含めて授業でのスタートラインを同じにすることをめざしたためです。ワークシートがあることで，すべての生徒がノートを準備しているのと同じ状態を創出することができました。ワークシート内に設定された語彙一覧表に語彙の意味を日本語で記入する作業は，英文の意味を具体的に把握する第一歩として役に立ちます。また自分で辞書を使って意味を調べて書く，という作業も，それが黒板に書きに行く作業であれば「公然と立ち歩き」できる機会ともなり，生徒たちが授業に参加するきっかけともなりました。

　私は英文をすべて板書し，意味のかたまり一つ一つを丹念に説明して理解へと導き，発音の仕方を教えました。そして次ページの資料1-2のような対訳シートを使って，英語を丸暗記するのではなく日本語とは異なる語順であることを認識して，意味のかたまりごとに音読する訓練を試みました。英

| Zero Landmine 日本語→英語対訳練習 | | Name:<br>↓英語を書いてください。 |
|---|---|---|
| 1 | ここは 〜です | |
| | わたしの故郷、 | |
| | 土地　of 私の母 | |
| | the 場所　私が遊ぶ 〜と一緒に／姉妹や兄弟。 | |
| 2 | The 木々が 根を張っています | |
| | 〜の中に／the 地面[下の]。 | |
| 3 | 取り除いてください　その暴力を(＝地雷のこと)。 | |
| 4 | 返してください the 地球に 戻して | |
| | その平和を。 | |
| | | |

語の語順に並んだ日本語を参考にしながら英語を復元するというねらいです。

　そして「英語の歌詞を理解し，音読するか歌うかどちらかの発表をする」という課題を，1学期中間評価の一部として設定しました。「3人から4人くらいのグループをつくってください。詩を暗唱するか，歌うかのどちらかを選んで発表してください。グループで力を合わせてやり切れるように分担を上手にしてね」と言いました。グループ内で個々の生徒の力量に応じて分担する量を自発的に決めるなら，おのずと比較的理解の進んでいる生徒たちが他の生徒を援助する形になるだろう，と期待したのでした。

　しかし，生徒たちの反応はまったく芳しくないものでした。私の意に反して，ユウジくん，アキラくん，トモくんたちは動きません。「誰とでもいい」と言うのです。サチさんが仲の良いマリさんと，タロウくんは彼の席の周囲の人たちと組み，他の生徒たちもなんとなくグループを形成しましたが，積極的に練習が始まる気配はありませんでした。わずかにハルコさんとユリさんの仲良しコンビがたどたどしく音読練習を始めているばかりです。

　グループを組んではみたものの，生徒たちの授業への出席率が安定しないので練習にならないのと，どうやら生徒同士があまり仲が良くなさそうでした。

## 一人ひとりに注目して

そこで私は，生徒同士の協働への期待はさておき，一人ひとりの生徒がきちんと読めるようになることを優先することにしました。一人ずつ指導して「読める」実感を経験させながら強引に1か月をかけて「Zero Landmine」の歌詞読解と音読発表を終えました（一文一文を，一人ずつ，その生徒の席の隣に立って発音を教え，すらすら読めるようになるまで指導したのでした。そんなふうにすると該当生徒以外の生徒たちは遊んでしまいますが，この時はそれでもいいと割り切りました）。

ユウジくん，アキラくん，トモくんたちは，結局「一人でやりたい」と希望して一人ですべての音読をやりました。私が強引に引っぱった発表でしたが，最後のグループが歌詞を音読し終えて，「すばらしい！　これで全員が音読できましたね！」と私が言ったときは，確かに教室の空気が動いたと確信できたのです。「これで授業に参加する多数派が形成されたのでは？」と淡い期待を抱いたのでした。音読が暗唱につながって簡単な英文を自分で作ることもできるようになり，中間テストの結果もまずまずでした。

しかし，私が強引に引っぱる授業はそこまでが限界でした。生徒たちは「学校で良い成績をとる」ことに価値を見いださないらしく，引き続きがんばろうという気配は生まれてきませんでした。「Zero Landmine」の音読発表をまがりなりにも終えることができたのは，教師の熱意につきあってくれただけだったのでしょう。1学期後半，授業への出席率は落ち，教室にいる生徒たちもどんどん授業から離れていきました。

## 生徒に届く言葉を

「わかる」ことが「できる」ことにつながり，それが学ぶことへのエネルギーになるはずだと，これまでの経験から考えていた私の期待は，見事にはずされたのでした。たまに授業に来ても寝てしまう生徒たちを，私はしつこく起こし続けました。ツトムくんの肩を揺すぶっていた時のことです。

「うっとしい‼」と怒鳴られました。負けてはいけないと，言葉で正面対決しようとした私を，サチさんとユウコさんが止めました。

「あのね，私らはセンセの気持ちも熱意もわかるよ。でもな，しつこく言うたら嫌われるからやめとき」

「あの人らも，しないといけないってわかってるけど，寝てしまう。それを注意されるんで腹がたつんだと思う」

「どんな言葉も生徒の心に入らなければ意味がないのだ」と私は痛感したのでした。学校での評価に価値を見いださない生徒たちだからこそ，「授業が『わかる』という体験をして何になるのか？　授業で身につける英語力をどう生かすのか？　なぜそれが必要なのか？」を納得しないうちは，学びに立ち上がらないのでしょう。ユウジくん，アキラくん，トモくんたちが一人でやりたがったのは冷淡さからではなくて，学習に価値を見いだしていない仲間への配慮からだったのだと思われました。

生徒たちが自ら参加しようと思える授業をつくることが求められていました。英語の授業で生み出される言葉が，生徒たちの生活に根ざしたものになるべきなのでした。教師からの一方的な熱意だけがあっても生徒が参加する授業は成立しない，けれど名を呼びかけひとりの人間として正面から向き合えばこちらを向いてくれる，そんなふうにして教師が生徒一人ひとりと関係性を築いていく行為が授業つくりの土台に必要なのだと考え，私は授業を変えていきました。

### 生徒たちの「今」を受け入れ，一人ひとりの生徒と向き合う

生徒たちは自分に注目してほしいのではないか，と考え，私は教室での言葉かけを意識的に増やしていきました。「上手に読んだなあ〜」「はい！　そうです」「そのとおりやね〜」などの肯定的応答を繰り返しながら，一人ひとりの読みを確認する時間を増やしていったのです。一人の生徒にかかわれば他の部分が無法状態になりますが，それでもいいと割り切ったのでした。

　無法状態のようになってしまったクラスで，私が自分の授業つくりの方向性を見いだすことができたのは，生徒たちの声に耳を傾け，聴き取る行為のなかからでした。まず生徒たちの「今」を受け入れていこうとしたのでした。

　ツトムくんは自分の席にじっと座っていることができません。しゃべっているか寝ているかです。口癖は，「うっとしい！」「オレ，英語なんか絶対いらんで。使わんし」です。彼だけを個別指導のために放課後の教室に残して英語の暗唱をさせようとしたときは，私は「歩きながらでいいよ」と言って，英語を一文ずつ口うつしで伝えました。ツトムくんは「歩く」というよりも「はずむ」といった調子で動き回りながら，上機嫌で英文を暗唱し終えました。こんな状態なら，彼はあっという間に10行の英文を覚えることを私は知りました。

　サチさんは，授業中の気分の良しあしの激しい人でした。ある月曜日の7時間目，英語の授業中に化粧ポーチを取り出して化粧を始めたことがありました。私が「サチさん，Please stop making up your face.」と言うと，「こんな時間まで授業しとんなや！　こっちは5時からバイトなんじゃ！　すっぴんでバイトに行けっていうんか！」と返ってきました。授業中のことでしたが，私はサチさんがバイトで家計を支えていることを知っていましたし，終了が16時35分という7限設定が彼女の生活にいかに合わないかがとっさに理解されて，「わかった。大変だね」としか返せなかったのでした。しかしサチさんは，これ以後，授業中の化粧をやめてくれました。

### 学びの内容を生徒の実感につなぎながら

　2年次からスタートしたこのクラスは学年唯一の就職コースだったので，他のコースにはない簿記などの科目が設置され，英語科目はライティング関連がなくて他コースよりも少ない3単位の英語II（当時）のみでした。私は週3回しかない授業であっても卒業時までには「辞書を用いれば英語で書かれたニュース（新聞やウェブページ）が読めて必要な情報を得ることがで

きる，自分と身の回りのことについて簡単な英語を使って表現でき，意見形成ができる」力を育てたいと願って，前項に述べたように1学期は読んで理解することと，英語を声に出して読む，そして聴き取った英語を書くことを中心に教科書を使って授業を進めていました。

　そして，英語で自分のことを表現する力を育てるために，2学期半ばの数週間を私のオリジナル教材によるライティング中心の授業にしたのでした。英語が得意でない生徒たちが自分のことを簡単な英語で表現することをめざすとき，生徒たちがそれを"苦行"と感じない工夫が必要です。そのために私は，最初に使用する動詞を最小限に絞りました。be動詞，have，make，do，want，の使い方を教え，それらをさまざまに使って自分を表現する活動に取り組んだのです。その活動を通して英語単文の文構造に習熟していくこともねらいました。

　資料1-3は，生徒自身に文の中核である動詞を意識させるように，まず使用する動詞とその意味（have＝〜を持っている）を示し，これを使った短文「私は温かい心を持っている」などを示して英文で書く演習シートです。このような動詞を使って短文を書く演習で正しい語順による英作文に慣れた後，「自分のことを書く英作文シート」（資料1-4，16ページ）に沿い，さまざまな動詞を使って英文を作るよう指導しました。

　ここでもまず使う動詞を書き，その後に文を作るという作業手順にしました。外国語で表現する際に使う思考は母語を使う際に使っている思考とは別のものです。異なる文構造を作るわけですから，外国語で表現すること自体が新しい体験になるはずです。母語では恥ずかしくて言えないことも，外国語を通してなら表現できるかもしれません。生徒たちにはそれをきちんと意識化しながら行ってほしいと考えました。そうすることで生徒たちは自分の現実を相対化する力を手に入れられるのではないかと考えたのです。また，母語でない言葉での表現なので，強制的に意識化されるという利点もありました。

資料1-3　have を使って英文を作る演習シート

# haveを使う表現の練習

| 英作評価欄 | | Number　　　　　　　　　　　　　Name | 音読評価欄 |
|---|---|---|---|
| 1 | have 〜を持っている | 私は(オレは)　have　自分の家族を(my family). | |
| 2 | have 〜を持っている | 私は(オレは)　have　仲のよい友達を(some good friends) | |
| 3 | have 〜を所有している | 私は(オレは)　　have　携帯電話を(a cell phone) | |
| 4 | have 〜を身に着けている | 私は(オレは)　いつも(always) have　携帯電話を　ポケットに(in the pocket) | |
| 5 | have 〜を身に着けている | (相手に尋ねて言う場合)　　〜を持っている？　お金(some money)を 尋ねる文なのでDo youではじめる | |
| 6 | have 〜を今持っている | (相手に尋ねて言う場合)　　〜を持っている？　書くもの(something to write with)を 尋ねる文なのでDo youではじめる | |
| 7 | have 〜を今持っている | (相手に尋ねて言う場合)　　〜を持っている？　食べるもの(something to eat)を。 ] | |
| 8 | have 〜を備え付けている | この制服(This uniform jacket)は　has　三つのポケットを　外側に(outside). | |
| | **have に　s　のついたものが　has　です。**<br>主語が3人称(I　We　You)以外　で　ひとり・ひとつ　のとき　動詞に　s　がつく | | |
| 9 | have 性格や体形などを持っている | 私(オレ)は　〜を持ちたい(want to have)　黒い・茶色い・金色の・赤い(←選べ)髪の毛を。 | |
| 10 | have 設備を持っている | この教室には12の窓がある＝この教室は　持っている　12の窓を。 | |
| 11 | have 経験する | 私(オレ)は　悩みがある　＝　私(オレ)は　〜を持っている　悩み(worries)を | |
| 12 | have 経験する | あの人たち(アイツら)　なんかモメてるなぁ＝彼らは　持っている　トラブル(some troubles)を。 | |
| | 本日の課題：①英語に直す　②その英語を読む | | |

資料 1-4　自分のことを書く英作文シート

## 自分のことを書く英作文

| 英作文評価欄 | 使う動詞 | Number　　　　　Name | 音読評価欄 |
|---|---|---|---|
| 1 | | | |
| 2 | | | |
| 3 | | | |
| 4 | | | |
| 5 | | | |
| 6 | | | |
| | | | |

### 自己肯定感が生徒をつなぐ

　そんな授業を行った2学期後半のある日のことでした。身の回りのこと，生活のなかで体験したことを英語で表現できるようになるための練習です。使用頻度の高い have を使って，自分のことを英語で書くのです。英語の語順に慣れておらず，「I money want. I a part time job have.」と表現してしまいかねない生徒たちですが，それを補うワークシートで間違いを回避し，正しい語順の自己表現文を音読することで，英語の語順に馴染むことがこの授業の目的でした。

　英文が書けるごとに大きくマルをつけて英文評価欄に「A」と書いて，音読できたら音読評価欄に「A」と記入します。もちろん「Very good!」というほめ言葉を雨のように降らせつつ。わいわいという喧騒のなかで，携帯電話のゲームに手が伸びては「ダメです!!!」と叱られながらではありますが，少しずつ英作文の作業は進み，音読も進んでいきました。

　「英語の文が書けたら見せに来て，その場で英語を読んでください」と言ってありますが，誰もそんなことはしません。「センセ来て」「ようこ，来い」「見て」「できた」「さっきから呼んどるやろが」「あっ，呼んだのにムシ

16

資料 1-5 have を使って自分のことを書いた作品一覧

| | | haveを使った英文 創作編: |
|---|---|---|
| 1 | Tetsuya | I have no money. |
| 2 | Nobutaka | I have books. |
| 3 | Naoki | I have tennis magazines. |
| | | I have tennis rackets. |
| 4 | Takeshi | I have black hair. |
| | | I have home. |
| 5 | Hideaki | I want to have a tennis racket. |
| | | I have some car magazines. |
| 6 | Yumi | I have two sisters and one brother. |
| | | I have 22 pens. |
| | Yumi, Yuko | I want to have much money. |
| 7 | Yuko | I have one brother. |
| | | I have 15 pens. |
| 8 | Mayumi | I have a notebook. |
| 9 | Hiromi | I have a very good friend, Hikari. |
| | | Hikari is interesting. |
| 10 | Hikari | I have best friend Hiromi. |
| | | Hiromi has good brothers. |
| 11 | Nariaki | I have one hobby. |
| | | I don't have any money. |
| | | Have a nice day. |
| 12 | Kyosuke | I have a dream. |
| | | I always have some money in my wallet. |
| 13 | Sho | I have a bike. |
| | | I have a desk, chair, bike, TV, and some money. |
| 14 | Kenta | I have one brother and one sister. |
| | | I always have a cell phone. |
| | | I have a soccer ball. |
| 15 | Yuki | I have name. |

するし。もうやらんとこ」という声がかかって，私は「はい！　はい！」と応答しながら教室を忙しく歩き回ります。生徒は，教師にまず自分に対して振り向いてほしいらしいのです。

　そんな状況のなかで，生徒たちの新しい姿が見られるようになりました。ある時，ハルコさんとユリさんのペアに呼ばれて英作文をチェックし，「ようできたなぁ〜。ていねいに考えてあるし」と励まして音読を聞いて，「A」を大きく書いた後のことでした。後ろのサチさんが「……教えて」と声をかけたのが聞こえました。サチさんはいつも私がそばに行かないと機嫌が悪くなる生徒です。私は，「はいはい」と応答してサチさんのほうを向きました。するとサチさんは，「ハルコに『教えて』ってゆうたんや。センセはどっかほかの人を見とき」と言ったのです。この発言を，私は「自分はハルコに教えてもらうから，先生はほかの人に回ってあげて」という意味だと思いました。

　また授業が後半に差しかかった時のこと，タカシくんもすでにワークシートを終えて私のチェックを待っていましたが，そばにいたタロウくんが「ぼくが聴いてあげてもいい？」と尋ねてきました。このようなタロウくんの姿は初めてでした。「聴いてあげて！」と頼むと「じょうずに読んだで」と言いながら私がするのと同じように「A」をつけてあげていました。タロウくんはクラスでは理解度の高いほうですが，授業中にひとつでもわからないことが生じると，「先生，来て」と呼び，私がすぐに行けないと「やる気なくした」と言って寝てしまいます。「100点とれなぁ意味ない」等々を投げやりに言うのです。私は彼ができることを知っているので，最初のうちは「自分でできるでしょ」と取り合わずにいましたが，彼の「先生，来て」に「はいはい」と言って応じることにしました。彼は私を呼んで質問し納得すると，仲の良いタカシくん（英語が苦手）にていねいに教えてあげるようになったのでした。

　サチさんとタロウくんが見せた姿は，私が当初望んでいた協働学習のかた

ちでした。「グループをつくって」という指示による学習形態をとったときには実現しませんでしたが，私が生徒たちからの「センセ来て」に徹底的に応答し続けた末に，2学期中ごろにようやく実現してきたのでした。

　教科学習のなかで構成されていく関係性は，それぞれの教科の特性のもとに，さまざまな形と質を持っていると思われます。学習活動が生徒たちをつなぐことに成功すると，バラバラですきま風が吹いていたような教室に一時的にせよ温かな風を起こすことができます。生徒たちは「自分は受け入れられている」と感じるときに優しくなれることを，私は発見することができました。

### 自己表現から読み合いへ —— 作品を教室へ開く

　「have」「make」「do」「want」などを効果的に使って自分のことを英語で表現する活動が軌道に乗ったあと，私は生徒全員の自己表現作文を一覧にして教材化しました（次ページの資料1-6）。クラスメートの作った自己表現文「I like music. I can play the guitar.」などを読みとおして，自分が共感するものに対して「I like music, too.」などの応答を書く活動です。すべて平易な英語なので難なく読めますし，クラスメートのことが書いてあるので興味もわき，この活動にはクラス全体が熱心に取り組みました。この後，私はそれをキング牧師演説文の一部読解と「I have a dream that ....」という自己表現文作成へとつないでいきました。1年後の卒業時，このクラスは「卒業記念英文写真集」を仕上げていくのですが，この時期の一連の言語活動が3年生での飛躍的な表現力向上へとつながったと思われました。

### 「キング牧師を読みたい」という声から

　キング牧師ワシントン大行進の演説文は，ハルキくんのお薦めでした。授業中に何度起こしても寝ている彼に「何を扱ったら君は起きていてくれるのか」と迫ったところ「キング牧師とか好きやなぁ」と返ってきたのがきっ

## 資料 1-6　自分のことを表現する英文への応答一覧

☼ 自分のことを書く英作文　への応答文　　☼　　11/26(Mon)

| to Tetsuya | I like music, too. (Nariaki)(Ryosuke)(Takeshi)(Hikari)<br>I live in Kyoto, too. (Yuki.H)(Yumi)(Tsuyoshi)(Kazuhisa)(Hideaki)<br>I do a part time job, too. (Kyosuke)(Mayumi)(Yuko)<br>I like walking, too. (Nobutaka)<br>I do a part time job, too. (Ai)<br>I play the drum, too. (Tomonori)<br>I don't play the drum. (Takumu)<br>I hate homework, too. (Hiromi) |
|---|---|
| to Yuki.H | I don't like weapon. (Nariaki)<br>I have a cell phone, too. (Kyosuke)(Tomonori)(Mayumi)(Takumu)<br>(Takeshi)(Hikari)<br>I have no money, too. (Nobutaka)(Ai)(Yoshinobu)(Ryosuke)(Tsuyoshi)<br>I have some good friends, too. (Yumi)(Yuko)(Kazuhisa)(Hiromi)<br>(Hideaki) |
| to Kenta | I live in Sonobe, too. (Nariaki)(Ai)(Yoshinobu)(Takumu)(Ryosuke)<br>(Hideaki)<br>I have to go to school, too. (Yuki.H)(Kyosuke)(Mayumi)(Kazuhisa)<br>I didn't study English, either. (Nobutaka)<br>I can play soccer, too. (Tomonori)<br>I can't play soccer.　(Hikari)<br>I don't live in Sonbe. (Yumi)<br>I wasn't born in Sonobe. (Yuko)(Tsuyoshi)<br>I was born in Yagi. (Hiromi)<br>I don't want to play the guitar. (Takeshi) |
| to Sho | I don't like reading book. (Nariaki)<br>I like watching TV, too.　(Yuki.H)(Ai)<br>I like music, too.(Kyosuke)(Nobutaka)(Tomonori)(Yumi)(Mayumi)<br>(Hiromi)(Kazuhisa)(Hideaki)<br>I don't live in Kameoka. (Yuko)<br>I don't like study, either. (Yoshinobu)(Takumu)(Hikari)<br>I like reading book, too. (Ryosuke)(Takeshi)<br>I have a cell phone, too. (Tsuyoshi) |
| to Tomonori | I speak Japanese, too. (Nariaki)(Kyosuke)(Nobutaka)(Ai)(Mayumi)<br>(Takeshi)(Hiromi)<br>I like music, too. (Yuki.H)(Yumi)(Yuko)(Tsuyoshi)(Kazuhisa)<br>I am not big. (Ryosuke)<br>I don't play the guitar. (Yoshinobu)(Takumu)(Hikari)<br>I walk to school. (Hideaki) |

けでした。そこで「モンゴメリーバスボイコット事件」[(2)]を読み，その後にキング牧師のワシントン大行進の時の演説 "I have a dream"[(3)] の後半部のパラグラフ2つ分を読み取る活動を組み入れました。

　"I have a dream" の後半部分からパラグラフ2つ分を，ワークシート（資料1-7，一部）を使って何度も何度もみんなで音読し，個別に聴き，dictation（教師の音読を生徒が書き取る）をし，また音読し，という具合にたたみかけるようにして理解を進めました。そんなふうにして2つのパラグラフが完全に暗唱できたころ，「自分のことでI have a dream that ＿＿＿＿.を書こう」という課題に取り組みました。「夢なんかない」という声もありましたが，「ささやかな希望を書こうよ」と励ましてとりかかりました。表現したいけれども単語がわからないときはどんどん質問させて教え，実際に生徒たちが持っているささやかな夢を英語にしていきました。

　その後，生徒たちが教室を歩きまわって互いに "What is your dream?"

## 資料 1-7　キング牧師演説文ワークシート

## 資料 1-8　みんなの夢一覧

**I have a Dream　みんなの夢　の紹介 2007/2/25　Number＿＿＿＿＿　Name＿＿＿＿＿＿＿＿＿＿＿＿＿＿**

**本日の活動②**　次の英文は 18 日の授業で書いてもらった My dream です。1 から 18 までの文を順に読んで、「自分も同じような夢や計画を持つ」と思ったら（　）に same と書き、「自分はこういう夢とか計画は持たんなぁ」と思ったら（　）に different と書いてください。」

1. I have a dream that I will have a big money.　（　　　　　）
2. I have a plan that I will become very happy.　（　　　　　）
3. I have a dream that I will help street children.　（　　　　　）
4. I have a dream that I will help the world.　（　　　　　）
5. I have a dream that one day I will buy a car.　（　　　　　）
6. I have a dream that I will win the next game. (次の試合に勝つ)　（　　　　　）
7. I have a dream that one day I will go to the live of B'z.　（　　　　　）
8. I have a plan to go shopping with my friends.　（　　　　　）
9. I have a plan to have a part time job. (パートタイムの仕事を持つ＝アルバイトをする)　（　　　　　）
10.　 I have a plan to work after graduation. (卒業)　（　　　　　）
11.　 I have a dream that I will make a happy family.　（　　　　　）
12.　 I have a plan that I work at a convenience store on Sunday and Saturday.　(コンビニで)　（　　　　　）
13.　 I have a dream that one day I will go to New York.　（　　　　　）
14.　 I have a dream that one day I will get married.　(結婚する)　（　　　　　）
15.　 I have a plan that I will save much money. (たくさんのお金を貯める)　（　　　　　）
16.　 I have a plan that I will graduate from Sonobe Senior High School. (卒業する)　（　　　　　）
17.　 I have a dream that one day I will become a musician.　（　　　　　）
18.　 I have a plan that I will go to a live concert with my friend.　（　　　　　）

> 自分も同じ夢なら same,
> 違うなら different, を
> （　）に記入

**本日の活動③**今思っている夢をひとつだけ書いてください。

と聴き合って書き取る言語活動に取り組みました。"＿ has a dream that ＿＿＿."という文をクラスメートの数だけ作るのです。それを私が一覧にしたもの（資料 1-8）を次の時間に全員に配布し，生徒たちが読み合って，共感した夢には same と記入するという活動に取り組みました。この活動は好評で，「互いのことが知れてよかった」ということでした。

　こんなふうに，英語の読み取りが表現活動につながり，表現活動が生徒たちの間を近づけていきました。

### 授業参加の意識が生徒をつなぐ —— 学習者の生活文脈に寄り添って

　「like」や「have」などの平易な動詞を用い，現実を反映するような言語表現活動が生徒同士の読み合いにつながった事実を紹介してきました。その後，教材がこのように直接に現実につながるものでなくても，それが生徒の生活にリアルに迫ることができることを，生徒たちが教えてくれました。

　クラス替えなく3年生に進級して，教科書や副教材を使って英文読解の
演習を行っていた時のこと，いつも英語の時間に機嫌の悪いサチさんが
「知ってる話でないと次を読もうって気にならない。先生はハルキには『何
を読みたい？』って聞いたのに，ウチには聞いてくれへんのか」と抗議した
のです。「知っている話だったら次を読もうって気になる」と主張する彼女
に「何やったらいいの？」と尋ねると，「童話とか」と言います。

　そこで選んだのが「シンデレラ」でした。挿絵がかわいく，使っている英
文が比較的長く，関係詞や不定詞・使役構文を含んでいて，この時期にテキ
ストとして使うのにふさわしいレベルだというのが私の判断でしたが，こん
な童話がはたして他の生徒たちの興味を引くのだろうかという不安もありま
した。ところが，生徒たちのノリはよく，ワークシート（次ページの資料1-
9）によってどんどん読み進む生徒たちはそのままに任せて，説明がなくては
読めない生徒たちに黒板を使って授業を進めました。授業では，シンデレラ
の英文を精読・文構造の説明を行った後，日本語で意味を確認⇒音読⇒ques-
tion and answer⇒語彙練習や対訳練習⇒本文dictation⇒shadowing，と
いうふうに，本文の内容を理解した後はたたみかけるように英語で内容を繰
り返し語る活動をしました。

　冒頭の段落に"Their father is often away from home."という一節が
あります。「often」「away」「from」の表す意味を確認したのちに「お父さ
んがどうだって書いてある？」と尋ねると，サチさんが「おっさんが帰って
こんのやろ」　とすかさず答え，「出稼ぎか」「遊んどんのや」「家ほったらか
してなぁ」等々の発言が数名の生徒から上がりました。たかが童話だと私が
思っていたものがこんなふうに生徒の日常感覚で語られるのでした。

　生徒たちはシンデレラの立場で物語を読んだようでした。私は全文に対応
させて資料1-10（25ページ）のような対訳シートと語彙練習表を作り，生
徒たちは精読で日本語による意味確認（資料1-9）⇒音読⇒対訳シート作
成・音読練習（資料1-10）⇒口頭でのあらすじ確認，という手順で英文に馴

## 資料1-9　Cinderella 読解ワークシート（両面刷りで1時間）

**＊園部高校で卒業までに育てる英語の力＊**
読む力：文構造を理解し、前からすばやく内容をつかんで読み進めることができる。
物語文をどんどん読める。

# Cheer up! 3-1

長い文を一気に読む力を育成します
その練習に、みんながよく知っている話を読みます。「シンデレラ」　　ワークシート評価点 7点（記号）＋7点（意味）＋9点（質問応答）

1　Once upon a time, there was　a young girl　[called Cinderella].

2　She　lived　in a big house　with　her father [who was often away from home],　　＊stepmother 継母

　　　　　　　　　　　her stepmother and her two nasty stepsisters.　　＊nasty 意地悪な

3　They　hated　her　because she was pretty　　　　　　　　　＊hate〜を嫌う

　　　　　　and because she was always kind and good-tempered.　　＊good-tempered 穏やかな

4　The horrid stepmother and nasty stepsisters　made　Cinderella　do all the work in the house.
　　　　　　　　　　　　　　　　　　　　　　　　　　　　＊horrid こわい

　　　　＊重要構文 make＋人＋to 動詞の原形　＝　人に〜させる

（表）

---

5　She cleaned and cooked　from　morning until bedtime.　　＊clean〜を掃除する　　＊cook 料理する
　　　　　　　　　　　　　　　　　　　　　　　　　＊bedtime 就寝時間

6　They made　her　sit in the kitchen,　　　　　　　　　＊sit 座る　　＊kitchen 台所

　　　gave　her　only scraps of food [to eat]　and　old clothes [to wear].　＊give-gave
　　　　　　　　　　　　　　　　　　　　　　　　　　　＊scrap くず、残り物、切れ端
　　　　　　　　　　　　　　　　　　　　　　　　　　　＊scraps of food
　　　　　　　　　　　　　　　　　　　　　　　　　　　＊clothes 衣類
　　　　　　　　　　　　　　　　　　　　　　　　　　　＊wear　〜を身に着ける
7　Her bedroom　was　in a cold, creepy attic.　　　　　＊bedroom　寝室

　　　　　　　　　　　　　　　　　　　　　　　　＊cold　冷たい

　　　　　　　　　　　　　　　　　　　　　　　　＊creepy ぞっとするような
　　　　　　　　　　　　　　　　　　　　　　　　＊attic 屋根裏部屋
8　<Question>
　⬇ 1 What was the young girl called?　She was called ＿＿＿＿＿＿＿＿＿＿＿＿＿＿＿＿＿＿＿＿＿．
　⬇ 2 What kind of house did she live in?
　⬇ 3 Was her stepmother good-tempered? ＿＿＿＿＿＿＿＿＿＿＿＿＿＿＿＿＿＿＿＿＿＿＿＿＿
　⬇ 4 Were her stepsisters kind to Cinderella? ＿＿＿＿＿＿＿＿＿＿＿＿＿＿＿＿＿＿＿＿＿＿
　⬇ 5 Why did they hate Cinderella? ＿＿＿＿＿＿＿＿＿＿＿＿＿＿＿＿＿＿＿＿＿＿＿
　⬇ 6 What did they make Cinderella do? ＿＿＿＿＿＿＿＿＿＿＿＿＿＿＿＿＿＿＿＿＿＿＿
　⬇ 7 Where was Cinderella's room? ＿＿＿＿＿＿＿＿＿＿＿＿＿＿＿＿＿＿＿＿＿＿＿＿＿
　⬇ 8 Did you know this story? ＿＿＿＿＿＿＿＿＿＿＿＿＿＿＿＿＿＿＿
　⬇ 9 When did you know this story? ＿＿＿＿＿＿＿＿＿＿＿＿＿＿＿＿＿＿＿＿＿＿＿＿

（裏）

### 資料1-10 Cinderella読み取りのための対訳シート（No.1）

| 3年1組英語ワークシート | 田中容子 Yoko Tanaka | 1 Name |
|---|---|---|

| 1 | むかしむかし　いました | |
|---|---|---|
| 2 | シンデレラと呼ばれる若い女の子が | |

[Cinderella there a girl upon time young called once a was]

| 3 | 彼女は　住んでいました　〜(の中)に／大きな家 | |
|---|---|---|
| 4 | 〜と一緒に／お父さん[who was たびたび離れている 家から]、<br>継母そして二人の意地悪なまま姉たち | |

[away with home her father who She in big lived a house was often from and stepmother stepsisters her two her nasty]

| 5 | 彼女たちは　嫌っていた　彼女を | |
|---|---|---|
| 6 | 　〜ので 彼女が　だった　とても　かわいい | |

[pretty she hated they because so her was]

| 8 | そして　〜ので／彼女が　いつも　親切で穏やかだった | |
|---|---|---|

[always and she kind was because and good-tempered]

染み，普段よりもテンポよく英文を暗唱していきました。

　さらにこの教材は生徒の創作意欲も引き出していきました。シンデレラが12時の鐘と同時にお城を飛び出して靴を片方落として帰るところまで読み進んだときに、「ここからは君たちの創作にします」として、活動を「創作」へと切り替えたのです。シンデレラの絵本から絵だけを挿入した白紙シートを配布し「シンデレラのストーリーを自分で語り直すのでもいいし、自分が主人公になって話を作るのでもいいですよ」と説明して、個人制作かクラスメートとの協働制作かどちらでもよい、としました。それまでに読んだ分のワークシートも対訳シートも生徒に返却しませんでしたので、生徒たちは白紙を前にして、それぞれ自分なりの英語で再話（Retelling；外国語学習のなかの言語活動の一つ）を書きはじめました。うれしいことに、協働制作を始めている生徒たちもいました。英語が大嫌いなマリさんも、自ら学習に向かいはじめました。自分を主人公にして童話を書いているサチさんを見て、

資料1-11　Retelling "Cinderella" ユウジくんの作品

1. Once upon a time a young girl lived in a big house. Her name was Cinder-ella. She lived in a house with her stepmother and two nasty stepsisters.
2. They made Cinderella do all the work. Cinderella worked from morning until bed time.
3. Her bedroom was in an attic.
4. One day they received an invitation to the grand ball.
5. But Cinderella couldn't go to the ball.
6. Cinderella was crying. Then she listened to some voices. There was standing a grandmother. The grandmother was a fairy godmother.
7. Cinderella fetched everything.
8. Her fairy godmother made Cinderella's clothes change into a beautiful dress.
9. Cinderella went to the Grand Ball. And Cinderella danced with prince. She was very happy.
10. Then she looked at the clock, The clock pointed at the 12." She thought "I must go home soon." She ran and went down the steps.

「な～んや，舞踏会なんて。うちはSMAPのライブにいくもん」と言って，物語を日本語で書きはじめたのです。後で周囲の生徒や私が援助してそれを英語に直す作業を行いました。資料1-11は「はじめに」に登場したユウジくんの作品です。番号はそれぞれ挿絵の番号を表しています。それぞれのページの挿絵に対してテキストとまったく同じ英文を繰り返すのではなく，多少の間違いはありつつも自分で再話していることがよくわかります。

### 自分の生活の表現へ

　2学期後半，私は生徒たちに英語で綴る卒業文集を作ろうと提起しました。写真をたくさん撮ってその写真に英語でキャプションをつけるという計画です。私が生徒の学校生活の写真を多数撮り，生徒が好きなものを選んで英語でキャプションを書きました。そのなかの全体が写っている1枚にサチさんが次のようなキャプションをつけていました。"3-1 members are very cute. Everyone likes this class."「ああ，これが彼女の願いなんだ」と私は発見しました。授業中は非協力的な態度を取ることの多かったサチさんですが，仲間を求める気持ちは強いのだと。私は表紙と最後のページを作り，みんなに対して "Thank you. I will not forget you." と書き入れました。アキラくんとユウジくんが写真とキャプションをページに配置してアルバムの体裁を整えてくれ，それを私がカラー印刷し，人数分のファイルを用意してアルバムを作りました。さらに生徒たちが一人ずつ A4 判用紙 1 枚分の簡単な自分史（「My Eighteen Years」, 第 2 章参照）を英語で書いたものをファイルの最後のページに入れ，卒業式の前の日に一人ひとりの机の上に置きました。当日，遠くから私を見つけて駆け寄り，「ありがとう！」と口々にお礼を言ってくれた彼らの顔は 2 年前とは見違えるようでした。

---

(1) 同時期 2 年生他コース（進学対応）で使用していた *CROWN English Series II*（三省堂，2007 年 3 月 15 日検定済），Lesson 8 "Zero Landmine" に着想を得て筆者が教材作成した。
(2) 当時の黒人差別の実態とキング牧師の説く「非暴力」の精神がよく理解される教材だと考えて選んだ。
(3) 同時期 3 年生の他コース（進学対応）で使用していた教科書，*CROWN English Reading*（三省堂，2004 年 2 月 29 日検定済）Lesson 12 から引用した。

# 第2章　英語の授業で育てたい力

## できるように育てるということ

　第1章では，当初「学びから逃走」していたクラスの生徒たちが，卒業までに「英語でキャプションをつけた写真集」を作成して卒業していくまでの変化を紹介しましたが，彼らは「英語でキャプションをつけた写真集」だけでなく英語による自分史「My Eighteen Years」も作成していました。「My Eighteen Years」とは，生まれてから高校卒業までの18年を振り返って幼児時代から小中高を経てきたなかでの思い出を500〜600 ワードの英語で綴ってワード文書に清書するというものです。このクラスでは「My Eighteen Years」を各自A4判用紙1枚にプリントアウトし，それぞれ写真集の最後に入れました。

　英語で自分史を綴る活動は生徒たちに歓迎され，その後，改編された普通科基礎コースでも取り組みました。3年生2学期の後半からワークシートに沿ってすこしずつ書きはじめて，3学期の1月に完成させるのです。自分の18年を振り返って表現されたものには，幼少時の思い出が豊かに書かれたものから，これまでの記憶はあまりなくて将来への夢に分量を割くものなど，多彩に率直な思いが綴られています。またキーボードで英語を打ち込む練習にもなり，時間はかかりますが，指導する側も生徒も「取り組んでよかった」と思えるものになりました。日常に慣れ親しんでいる日本語ではなく英語で表現するために，生徒たちの記述が彼らなりの英語表現力の範囲内でのものとなり，それがかえって彼らの気持ちを具体的に表すことになりました。

　資料2-1・2-2は「My Eighteen Years」の執筆に向かうウォーミングアッ

## 資料 2-1　My Eighteen Years 自分史作成ワークシート①（ペアワーク用）

3年生1組2組　English Writing Final Project　"My Eighteen Years"　　Name | 1

**"My Eighteen Years Project" を始めます**

これまでの18年を思い出すことから。ペアの相手に次の質問をして返答を聴き取り、相手のことを書いてください。英語で書けない場合は日本語で書きとってください。

1　Where were you born? _____

2　What was your weight when you were born? _____

3　Where were you born? _____

4　Where did your parents live when you were born? _____

5　Who named your name? _____

6　Do you like your name? _____

7　Do you know why you got the name? _____

8　Tell me the reason of your name. _____

9　How many families did you have when you were born? _____

10　Tell me any of your memories from your infant days(幼児期). _____

11　Did you attend any child care center or kindergarten? _____ "

## 資料 2-2　My Eighteen Years 自分史作成ワークシート②

3年生1組2組　English Writing Final Project　"My Eighteen Years"　　Name | 1

"My Eighteen Years Project"　　②　自分のことを書く：以下の質問に答えて自分のことを書いてください。

どこで生まれましたか？ _____

いつ生まれましたか？ _____

どんな赤ちゃんでしたか？　（大きい／小さい／平均的な average）_____

あなたが生まれた時あなたの両親はどこに住んでいましたか？_____

誰があなたの名前を付けたのですか？ _____

あなたは自分の名前が好きですか？ _____

なぜその名前を付けられたか(the reason why I got the name)を知っていますか？

_____

（もしも知っているなら）理由は何ですか？　I got the name " " _____

あなたが生まれた時何人家族でしたか？　I had _____ families when_____.

幼児期の記憶をなんでもいいので語ってください。_____

保育園か幼稚園(a preschool)に行って(attend)いましたか？_____
_____

プのためのワークシートです。資料2-1 ワークシート①を使ってペアワーク
を行い，それぞれ相手に英語で質問をして英語での返答を書き取ります。資
料2-2 ワークシート②では，それらの質問を自分自身に対して行い，自分の
答えを英語で書くのです。具体的な質問に対して自分のことを英語で書き綴
るうちに書き手が書きたいことへと誘導されることをねらったのでした。そ
の後，資料2-3 へと続きます。最後のワークシートには具体的な質問はなく
「高校時代のことを自由に書いてください。将来への展望について書いてく
ださい」という指示だけを載せました。

　生徒たちには，高校入学時に教科書と同時に購入した辞書を大いに使って
思い思いに綴りはじめることを期待しました。辞書を使っても見つけられな
い語彙や表現はこちらに質問するようにと励まし，私は資料2-4 のような表
現集を同僚と共に作成しました。ここには「My Eighteen Years」を執筆し
ながら，生徒たちから「表現を教えて」と実際に要求されたものと，こちら

### 資料 2-3　My Eighteen Years 書きはじめワークシート

3年生1組2組　English Writing Final Project　"My Eighteen Years"　　　　　Name | 1

"My Eighteen Years Project"　③　　次の項目を英語で書いてください。

1.　私は＿＿才の時に＿＿＿＿＿小学校に入学しました。　entered / ＿＿elementary school

2.　私のクラスは＿＿＿＿組でした。

3.　そのクラスには＿＿＿＿人の生徒がいました。

4.　＿＿＿＿＿先生が担任でした。　Mr./Ms.＿＿＿＿ was in charge of our class.

5.　私は小学校に行くのが(going to the elementary school)　好きでした／好きではありませんでした。

6.　学校では＿＿＿＿＿＿が好きでした。

7.　学校では＿＿＿＿＿＿が得意でした。

8.　遠足で（on school excursion）＿＿＿＿　〜が・・・したことを覚えています。

　　I remember that＿＿＿＿＿＿＿＿＿＿

## 資料 2-4　My Eighteen Years 表現の例

---

*Words Collection for "My Eighteen Years Project"*
まず Favorite の付録(p.559~ "便利な単語集" や p.1945~ 和英小辞典)を活用しましょう。

### -your high school days-
球技大会 a ball game rally 運動会 an athletic meet など　土曜講座　Saturday Course
友情をはぐくむ　develop a friendship　Ａと仲良くなる　get close to A
面接の練習をする　practice for interview　過去問　past questions　顧問 an advisor
Ａさんにお世話になった。　A helped me a lot.　~できるようになる　learn to ~
私が高校生活で得たことは~　What I got from my high school days is ~
~しておけばよかった　I should have　~(過去分詞)
一番の思い出は~ the happiest memory is ~　爆笑する　roar with laughter
卒業旅行の行先は~　the destination of our graduation trip is~
ＡとＢを両立させる　balance A and B

### -your future-
~words related to work ~ p.860 に便利な表現がたくさんあります
エステティシャン an aesthetician　自動車整備士 a car mechanic　CA a cabin attendant
プログラマーa programmer　栄養士 a nutritionist ペットトリマーa pet trimmer
パティシエ a pastry chef　保育士 a childcare worker 歯科助手 a dental assistant
ウェディングプランナーa wedding planner　グラフィックデザイナーa graphic designer
整体師 an osteopath スタイリスト a stylist ネイリスト a nailist 芸人 an entertainer
税理士 a licensed tax accountant ブリーダーa breeder 旅行業界 the tourist industry
接客業 the hospitality industry　ブライダル業界　the bridal industry

病院で医療事務をやる do medical administrative work at a hospital
医療事務の通信教育　distance education in medical administration
役に立つ資格を取る　get a useful qualification　テーマパーク　theme park
起業する　establish an enterprise　お金を貯める save money
育休を取る take unpaid childcare leave　業績を伸ばす improve profits
キャリアウーマン a career woman

~words related to daily life~
私の夢をかなえる　achieve my dream　夢がかなう　dream comes true
~を充実させる enrich　一番したいことは~　what I want to do in the future is ~
~な人生を送る lead a ~ life　~と連絡を取り合う　keep in touch with~
趣味として絵を始める　take up painting as a hobby

が予想したものとが載せてあります。

　読者のみなさんは「ここにいる生徒たちは英作文ができる生徒なのだね〜」と思ってお読みになっているかもしれませんが，そうではありません。この段階では自分を主人公にした文脈でたしかに英語での表現ができていますが，全員が最初からできたわけではありません。詳細は第3章に述べますが，ここで述べている基礎コースでは，高校入学当初は英語学習において入門段階でつまずいている生徒たちが多くいました。しかし英語の基本的な語順から学び直し，すこしずつ理解を重ねて，読解活動を基本に簡単な自己表現や意見表明のような言語活動を重ねた結果，最終的に400〜500ワードの自分史を書くレベルまで育ってきたのでした。

　表2-1を見てください。これは2014年度に「My Eighteen Years」を書きはじめる時に，基礎コース3講座を担当していた教員3人と生徒全員とで共有した評価表です。それまで何度か「My Eighteen Years」の作成を指導してきた経験をふまえて，私が原案を作成して同僚と完成させました。生徒たちには「授業で指導しながら取り組んでもらうものです。ていねいに考えて困ったら質問しながら作成していけば良いものができるの，わかりますね？　全員がこの評価表の4以上をとるつもりで作成してください」と伝えました。

　30人あまりの生徒に対して教師1人で指導するため全員に同じようには相談の時間がとれず，高校時代以降の自由作文「高校時代の思い出と将来への展望」の段階では，誠実にがんばる生徒たちは辞書と相談しながら自力で完成させました。書きたいことがありすぎて英語表現力が追いつかず間違えた，という例がたくさんありましたが，実際には9割の生徒がレベル4以上を達成しました。言い換えれば，全員がそのレベルに到達する，あるいは越えるまで指導した，ということができます（入門期における土台つくりとその後の言語活動の工夫については第3章をお読みください）。

表2-1　My Eighteen Years ルーブリック（各観点ごとに評価する）

| 評価点 | 段落の枠組み | 内容 | 英文の完成度 | 語数 |
|---|---|---|---|---|
| 5 | 4に加えて自分の工夫で段落および内容を増やしている。 | 内容が具体的で魅力的で読む人を惹きつける。独自性がある。 | 文法的まちがいがほとんどない。 | 500ワード以上 |
| 4 | 生後からはじめて将来構想まで，少なくとも4つの段落が英語で構成されている。 | 内容が具体的であり，工夫がある。 | 文法的間違いが散見されるが，意味は読み取れる。 | 400ワード以上 |
| 3 | 生後から将来構想まで書かれているが，段落構成はされていない。 | 設問に対して自分のことが述べられている。 | 日本語の構造に引きずられて，英文として成り立たない部分が三分の一程度ある。 | 300ワード以上 |
| 2 | 3の内容が不完全ではあるができている。 | 3の内容が不完全ではあるができている。 | 日本語の構造に引きずられて，英文として成り立たない部分が二分の一程度ある。 | 300ワード未満 |
| 1 | 要求された項目の二分の一以下しか書けていない。 | とても不完全である。 | 日本語の構造に引きずられて，英文として成り立たない部分が二分の一以上ある。 | 200ワード未満 |
| 重みづけ | ×2 | ×4 | ×3 | ×1 |
| | ／10 | ／20 | ／15 | ／5 |

合計50点満点　　　　　　　　　　　　　　　　　　　　合計　／50

「My Eighteen Years」ルーブリック（表2-1）において「内容」と「英文の完成度」の項目で評価5であった作品を抽出し，その後半3分の1を抜粋して紹介しましょう（次ページの資料2-5）。この作品の作者チサトさんはまったく教師に質問することなく，辞書を使って仕上げました。「英文完成度5」の項目内容は「文法の間違いがほとんどない」でした。「ただ事実を書く」というレベルが要求水準であったため，そのような指導をしたのでした。そのためチサトさんの作品には，前後の文や段落を効果的に続ける，という工夫がなされていません。もしも，「接続詞や副詞を効果的に用いて文

## 資料2-5　My Eighteen Years　チサトさんの作品後半

I entered Sonobe high school in 2013. I was anxious about my school life then. I joined the volleyball club and practice hard every day. It was hard but I was able to practice with my team mates. I made good memories. We went to Hokkaido on our school trip. The weather was not good but we enjoyed ourselves and visited Otaru, Sapporo, the zoo and a few other places. This trip was a fun. I enjoyed school events, too. I participated in ball game rally, athletic meets and culture festivals in my school life. I liked school events. I did my bet in the festival. I enjoyed talking with my friends during lunch time and breaks and I studied very hard.

I want to be a nutritionist in the future because I want to help people. So I have to study hard. I also want to be a broad-minded person who has responsibility. And I would like to be dutiful. I want to visit many countries and learn about other cultures in the future. I think that my dream will come true if I work hard.　(Chisato)

章全体をまとめている」という達成項目が設定され指導されていたなら，チサトさんはそのスキルを作品に生かせたかもしれません。この作品は次回の指導への反省と展望を指導者側に抱かせたのでした。

### 目標を設定するということ

「My Eighteen Years」実践のそもそもの始まりは，私の個人的なささやかな取り組みでした。前項で紹介したようなルーブリックもなく，「卒業の記念に作成しましょう」という位置づけでした。それが学年末成績の一部を構成する言語活動として複数担当者が協働して行う実践となった背景には，2つの要因がありました。ひとつは生徒がエッセイを書きあげるまでのスモールステップを刻んだワークシート（資料2-1～2-3）があり，「これなら指導できそうだ」という展望が同僚と共有できたこと，もうひとつは園部高校英語科教員が生徒と共有する「目標（育てたい力を記したもの，Sonobe Assessment Grid)」を持ったことでした。

表2-2を見てください。ライティング領域で基礎コースの生徒に卒業時までに育てたい（獲得させたい）と私たちがめざしていたのは「学習集団を形成する中心層を卒業までに少なくともレベル4に到達させ，上位層は限

表 2-2　Sonobe Assessment Grid（2016 年度版）

| 習熟段階 | | 1 | 2 | 3 | 4 | 5 | 6 |
|---|---|---|---|---|---|---|---|
| 理解 | Reading | 身近な名詞が分かる。ごく短い文が理解できる。 | 高頻度語で書かれたやさしいテキストが読める。日常生活の広告や時刻表の中から必要な情報が読み取れる。 | 英文の主述および後置修飾句をつかめる。さまざまな分野の現代的な問題（言語・学習・科学・環境・社会）の文を辞書を使いながら読める。 | 複文構造を理解し、後置修飾節を理解して前から読み進めることができる。物語文をどんどん読める。評論文の論旨の展開が理解できる。英字新聞など辞書と注釈があれば読める。 | 長い文学作品が読める。自分の興味のある分野の専門用語を含む文が読める。英字新聞や英語サイトを辞書があれば読める。 | 辞書を使って専門的な論文が読める。英字新聞や英語サイトを読める。 |
| | Listening | 授業で何度も使う表現や語句を聞き分けることができる。 | 自分の家や家族や直接関係する身の回りの具体物について、人がゆっくりはっきりしゃべってくれたら、なじみのある語や基礎的な句を認識できる。 | 学習したテーマに関する質問を聞いてわかる。またそのテーマに関するメッセージや読まれた文の内容を聞いて理解することができる。 | 学習したテーマに関する短い、簡単なニュース、メッセージがゆっくりはっきりと読まれたとき、メインポイントを聞き取ることができる。 | ゆっくりはっきり読まれたテレビの番組やニュースのポイントが聞いてわかる。 | 長いスピーチや講義を聴いてわかる。知っているトピックなら論理が多少複雑でも理解できる。テレビや時事番組の大部分が聴いてわかる。方言スラングの多くない映画ならほとんど理解できる。 |
| 表現 | Writing | アルファベットで自分の名前が書ける。練習した短文が書ける。 | 文法的な間違いを含みつつも、簡単な日記などの短文を書くことができる。既習の語を使って短文を書くことができる。 | 学習したテーマおよび自分の興味のあることについて簡単な感想や意見を書くことができる。 | 興味のある幅広い分野に関して、理由や説明文などを加えて、意見や感想を書くことができる。後置修飾句・節を使って表現することができる。 | 幅広い分野に関して、理由や説明文を加え、パラグラフ構成が整ったある程度の長さの文章を書くことができる。 | しっかりした論理構成で、アカデミックな題材の小論文や報告を書くことができる。 |
| | Oral Communication | 自分の名前、住んでいる都市などを言える。 | 簡単な文を使って自己紹介と家族・学校部活動などの紹介をすることができる。 | 自分の町、知っている人々のことを簡単に述べることが出来る。 | 文をいくつか効果的に組み合わせて経験、夢などについて述べることができる。 | 自分の好みや意見を理由をつけて述べることができる。テーマに基づいてまとまったスピーチをできる。 | 自分の興味のある分野でのさまざまな話題について、視点を明確に、説得力を持って、発表することができる。 |
| | | 練習して発話できる。相手が繰り返してくれて身振り手振りがあると理解できる。 | 話を聞こうとして耳を傾けてくれて、たどたどしく発話するのを援助してくれる相手であれば、ごく簡単で必要なことを質問したり、質問に答えたりすることができる。 | 学習したテーマおよび身近な事柄について情報のやり取りをすることができる。しかし会話を長く続けることはできない。 | 英語が話されている地域へ旅行する際に出会うさまざまな場面で、辞書の力を借りて情報の入手と意思の伝達を行うことができる。 | 自分の興味のあることや生活圏内の事柄（趣味・家族・出来事など）についてなされる会話に参加できる。 | 英語のネイティブスピーカーに対してごく自然かつ自発的に会話ができる。身近な場面で、ある事柄について自分の意見を説明したり主張したりしながら会話に積極的に参加することができる。 |

出典：西岡加名恵・永井正人・前野正博・田中容子編著『パフォーマンス評価で生徒の「資質・能力」を育てる』学事出版，2017 年，p.56

りなく 5 に近づけることを目標とする」でした。レベル 4 は「興味のある幅広い分野に関して，理由や説明文などを加えて，意見や感想を書くことができる。後置修飾句・節を使って表現することができる」，レベル 5 は「幅広い分野に関して，理由や説明文を加え，パラグラフ構成が整ったある程度の長さの文章を書くことができる」です。学習に大きな困難を抱えている生徒の場合も，少なくともレベル 3 「学習したテーマおよび自分の興味のあることについて簡単な感想や意見を書くことができる」ことをめざす，としたのでした。一方，英語にめざめた生徒がレベル 6 の領域まで力を育てる可能性も，もちろん考慮しています。

この目標は，教師に対して目の前の生徒を確かに育てるという「覚悟」を迫るものであると同時に，生徒たちにはめざすゴールとして生きたものとなりました。明確な目標を教科の共通認識として設定したことは，英語が大変苦手な生徒たちが大半を占める授業であっても，「どうせできない」ではなくて「どのようにしたらできるようになるだろう」と考えることにつながり，「My Eighteen Years」では生徒たちが目標を持って作品をつくることができたのでした。

表 2-2 は 2007 年度に園部高校英語科で英語教育の目標として作成を開始し，その後改訂を重ねられてきたものです。培っていきたい外国語の力を記述語で表現するために European Council で開発されている外国語学習者のための評価表（CEFR global scale および self-assessment grid）[1]の枠組みを参考にしました。本来は大人の移住者が移住先の言語に対する自分の熟達度を自己評価するために作成された評価表の内容を，園部高校独自の Sonobe Assessment Grid へと作り直したのでした。そして 4 月当初にこれが学年末までの目標として生徒と教師によって共有され，学年末には生徒にとっての自己評価として用いられました。

## Sonobe Assessment Grid 記述の工夫

　CEFR Self-Assessment Grid の記述内容を日本の学校に通う学習者が主体となるように改訂した自己評価表の作成と，それを目標設定として生かすことについて述べてきました。Sonobe Assessment Grid の目標項目には「何ができるようになるか」が具体的に示されているとともに，Reading レベル 3「英文の主述および後置修飾句をつかめる。さまざまな分野の現代的な問題（言語・学習・科学・環境・社会）の文を辞書を使いながら読める」，レベル 4「複文構造を理解し，後置修飾節を理解して前から読み進めることができる。物語文をどんどん読める。評論文の論旨の展開が理解できる。英字新聞など辞書と注釈があれば読める」の下線部のように，日本語話者が英語学習上で特に困難を感じる（つまずくことが多い）事項を明記しました。これは，教える側が忘れてはならないこととして，特に記述したのでした。このように，Sonobe Assessment Grid は「何ができるようになるか」だけでなく，教える側に「どのようにして育てるか」を常に考え続けるよう促しています。


## 英語の授業を通して育てたい力

　「何ができるように育てるのか」に対しては前項で述べたように，具体的な記述で目標を示しました。ではそれはどのような力なのでしょうか。「幾多の語彙や構文を暗記する力」なのか，「日本語とは異なる言語体系を理解して英文を構築する論理的思考力」なのか，その「両方」なのか。

　実際に英語を使用して暮らす，仕事をする，という場面ではもちろん両方が必要です。ではどちらがより根底的な（essential）力なのか。私は後者だと判断しています。そこで Sonobe Assessment Grid を作成する際に Reading レベル 3・4・5・6 に「辞書を使って」という文言を入れたのでした。「覚えること」と「考えること」を分けたのです。それは第 1 章で述べた学びの土俵から逃げているように見えた生徒たちが，語彙や構文の知識はまっ

たくなかったけれども，構造の簡単な英文から始めて読んだり書いたり話したりすることを通して理解が深まれば，複雑な構造の文まで読み解くことができることを発見させてくれたからでした。文法書を目次どおりにたたみかけていくような授業は，高い読解力を持ち合わせている学習者集団には有効ですが，そうでない場合は往々にして「暗記して終わり」になってしまうことを私は経験から感じていました。一方，英語という言語の体系を単純化して教え，取得した知識技能を使って豊かに表現する活動を生かせば，「考えること」を通して英語学習をおもしろいと感じさせることができます。

---

(1) Council of Europe, *Common European Framework of Reference for Languages: Learning, teaching, assessment*, Cambridge University Press, 2011（12th printing 2011）pp. 24-29.

　　この Assessment Grid には次の説明がついている。「学ぶ側と教える側，さらにこの表を参照する他の人たちを実践的な目的をめざした教育的見地に基づいた体系に位置づけるためには，さらに詳細な概観が必要である。Table2（筆者註：self-assessment grid）は，学習者が自分の言語スキルをおおよそつかんで，自分の言語熟達度レベルを自己評価するために，詳細な記述のあるチェックリストのどのレベルに自分が該当するのかを決定するのを援助することを意図している」（同上書 p. 25，筆者訳）

# 第3章　どのようにして育てるのか

## 英語「できる」「できない」の違いはどこに？

学習に苦労している生徒たちは"自分が学習内容に納得すること"を求めています。納得できない部分があるとそれが気になって次に進むことができず，結局理解しないままに何かをただ暗記するだけになってしまったり，途中で学習意欲をなくしてしまったりします。しかし，込み入った内容でも，ゆっくりと順を追って具体的に説明すれば，理解できる場合が多いのです。ですから，生徒たちの学習上のつまずきを分析し，論理を尽くして徹底的に具体的に説明する工夫が求められます。

## 実は難度の高い be 動詞

be 動詞といえば英語学習の入門期に教えられるものだと思われるかもしれませんが，英語が苦手な人にとっては使いこなすことがとても難しい動詞です。

たとえば「私は音楽が好きです」を英語にすると"I like music."ですが，"I'm like music."という間違いが多発します。この間違いをする学習者は，「私は＝I'm」だと勘違いしています。英語学習のごく入門期に見られる言語活動"I'm 〜（私は〜です）."は"I'm 〜"という形で始まりますから，学習者が「I'm＝私は」という誤解から「am＝は」と考えて"I'm like music."と表現してしまうのは学習者の責任とは言えません。そのうえ be 動詞は「この表現に be 動詞が必要なのかいらないのか」という判断をした後に瞬時に主語の人称と単複，時制を判断して「am, is, are, was, were」から選び取らなければならないため，使いこなす難度が高いのです。学び直しの段階

では述語動詞の形に悩まなくてよいように「I＋動詞の過去形〜.」という形の表現活動を先に導入して"I got up at six this morning."などの簡単な英文を作り「I＝私は・私が」に慣れていけるようにするなどの配慮が必要でしょう。

### 語順の違いが理解を阻む ── 日本語とは大きく異なる英語の語順

さらに大きな難関があります。"I like music."と正しく言えても、「昨夜テレビを見ました」と言いたい場合に"Last night TV watched."という誤文を作ってしまって×をつけられ，何が間違っているのかを理解できないままに「英語はできない」と思い込んでしまう学習者が数多くいるのです。

入門段階でなくても次のような誤答があります。"Coincident index suggests Japan's economy may be in recession."（一致指標は示している／日本経済がおそらく不況に陥っていると）を，ある大人の学習者は「一致指標を日本経済は示唆した。たぶん不況だ」と読み取りました。大ざっぱには「日本経済は……不況だ」となって大筋はあっていますが，それが何による判断なのかを読み飛ばすことになります。この学習者は主語を明示しない日本語の感覚のままで英文を読み，このような間違いに陥ったのだと思われました。このような読み方では新聞や論文の正しい読み取りはできません。

これらの間違いは，語彙レベルの差はありますが，原因は同じだと私は考えています。それは，「主語を明確に意識してそれに続く述語動詞を読み取り，文全体を構造的に，英語を日本語との文構造の違いに気づきながら，読む訓練」がなされてこなかったことです。日本語では「テレビを視る」とは言いますが，「私はテレビを視る」とは言いませんし，述語動詞を文の最後に置きますから，多くの生徒は英語で表現する際に普段の日本語での思考に引きずられて「TV watched」となるのだと思われます。「なぜ間違うのか」を推測し，間違いの背後にある学習者の思考を発見して，それに対処する説明が求められています。

**基礎その① 語順の理解**

　前述したような，英語学習の入門段階で母語（日本語）の語順に引きずられて英文の理解が進まない学習者に，私は数多く出会ってきました。第1章で紹介したような，目に見えて困難を抱える学習者のみが苦しんでいるわけではありません。

　次ページの資料3-1を見てください。学習者にこの場合最も注目してほしいのは英語の語順です。このワークシートは語彙情報を与え，英語の語順を示すことで，学習者が英語の語順に集中して発話したり書いたりし，それを通して日本語とは異なる英語の語順を体感することをねらっています。特に前置詞句の構造に注目させます。さらに日常生活に題材をとった文を英語で表現することを通じて，自己表現への布石とします。そして書いて終わりではなく，必ず声に出して表現する練習と，教師によるディクテーションで再度書く練習をし，暗唱します。このように，生徒たちは少しずつ体にしみこませるように，英文（単文）の構造に慣れていくのです。私は同僚と共にこのような学び直しワークシート（資料3-1・3-2）を使って生徒たちの高校入学直後に学び直し時間を設定し，各コースに0〜15時間程度，必要に応じて使いました。

**基礎その② 前置詞の理解**

　語順でつまずく学習者は前置詞句の読み取りにおいても思い違いをしがちです。授業者にとってはあまりにも当たり前のことなので，学習者が理解しているかどうかを確認せずに通り過ぎてしまいがちですが，"a cat in a basket" を「猫の中の籠」と読み取ってしまう人たちが数多くいます。日本語の語順に引きずられてしまうのでしょう。「in は『〜の中の』という意味だよね！」「でも何の中なのかは，in の後ろに続く名詞が表しているのです。日本語とは逆だから気をつけてね」と説明します。このように説明された時に返ってきた「あ〜そうなのか！　逆なのか！」という新鮮な驚きと腑に落

## 資料3-1　学び直しワークシート例①（英作文）

| | |
|---|---|
| (1)　私は毎朝＿＿時に家を出る。<br>　　　（私は　家を出る　<u>～に</u> /＿＿　　　毎朝） | （出かけるために）家を出る<br>leave home<br>時刻を表す「～に」＝at ～<br>毎朝 every morning |
| (2)　私たちは毎日 13：30 に教室を掃除する。<br>　　　（私たちは～を掃除する　教室(を)　毎日　<u>～に</u>/13：30） | ～を掃除する clean<br>教室 our class rooms |

## 資料3-2　学び直しワークシート例②（文法）

No. (　　　　)　Name (　　　　　　　　)　　日付 (　　　　　　)

9.　次の前置詞の、テキストで用いられた意味を書きなさい。

| | |
|---|---|
| on | |
| under | |
| between | |
| in | |
| at | |
| to | |
| from | |
| of | |

１０．上の前置詞を用いて次の日本語を英語になおしなさい。

(1) テーブル<u>の上の</u> iPod

(2) 机<u>の下の</u>ペン

(3) 両親<u>の間にいる</u>男の子

(4) ポケット<u>の中の</u>携帯電話

(5) ドア<u>のところにいる</u>女の子

| | |
|---|---|
| テーブル | the table |
| 机 | the desk |
| ペン | a pen |
| 両親 | his parents |
| ポケット | a pocket |
| 携帯電話 | a cellular phone |
| ドア | the door |

（2012年度高校入学生のために坂上渉教諭・永井妙子教諭と筆者が協働制作した「英語バッチリシート2012」から抜粋）

ちたという納得の目の輝きに，私は幾度となく出会ってきました。説明には資料3-2のようなワークシートが役に立ちました。

### 基礎その③　英文の読み取り

これまで述べてきたように，英語の構造が日本語とどのように違うのかについての理解が獲得されていないために，一つ一つの語彙の意味は知っているのに，ひとつづきの文章の意味を正しく理解することが困難になってしまう学習者が多く見られるのが現状です。前項では英作文の形式で英語の構造が日本語とは異なることを実感させる工夫と，前置詞句を後置修飾句として認識させる工夫を紹介しました。

では英文を読む場合はどのように文構造の違いを体感させていけばいいのでしょうか。私が生徒たちとつくる授業のなかから学び取ってきたのは，英文を意味のかたまりごとに縦線で区切り，さらに日本語とは修飾構造が逆転している部分を明示するワークシートを使うことが効果的だということでした。このようなワークシートを使うことによって，視覚面からの英文構造理解を促し，その英文構造の順のまま日本語に直すことによって意味理解を促進し，意味と音を対応させる音読につないでいくことができたからです。

次ページの資料3-3は第1章で紹介したクラスの3年生最初の授業で読んだマザーテレサのスピーチの読解ワークシートです。英文の構造を把握しながら読み取れるよう，いくつかの工夫をしています。

① 　A4判用紙を横にして一文が途中で改行しないようにし，混乱を避けている。

② 　縦線を入れて，意味のまとまり，文のまとまりを認識させる。このまとまりで（本人が記入したければ）日本語を記入することができるよう，スラッシュでなく縦線で区切っている。日本語を書くことを通して読み取った内容が記憶に残ることもねらっている。

③ 　スペースを入れて，文の中の主語・述語動詞・目的語などのかたまり

## 資料3-3　読解ワークシート例

3年1組英語ワークシート　　　　田中容子 Yoko Tanaka　　|　　**Name**　　　　　　2020/12/11

「マザーテレサに砂糖をあげた四歳の男の子のお話」

1 some time　　　2 ago　　　　　　　　　3 great　　4 difficulty　　　5 get　　6 sugar
(1) Some time ago　|　in Calcutta　|　we had great difficulty　|　in getting sugar,

　　　　　　　　　　　　　　7 how　　　　8 get to　　9 around
and　|　I don't know　|　how the word　got around to the children,

　　　　　　　　　　　10 Hindu　　　　　　　　　　　　　　11 told　　　　　12 parents
and　|　a little boy of four years old, a Hindu boy,　|　went home　and　told his parents:

13 will not~　　14 eat　　15 for~　　　　　16 give　　　　　　　　　　　17 for~
(2)"I will not eat sugar for three days.　|　I will give my sugar to Mother Teresa　|　for her children."

18 after~　　　　　　　　　　　19 brought　　20 to~
(3)After three days　|　his father and mother　brought him　to our house.

21 had never met 会ったことはなかった 22 before 以前に　23 this little one この幼子 24 could scarcely pronounce ほとんど発音もできなかった
(4)I had never met them before,　and this little one　could scarcely pronounce my name,

　　　25 knew　　26 exactly 正確に　　　　　　　　　　　　　　　　　27 want to~ ～したい 28 share
but　he knew　exactly　what he had come to do.　　(5) He knew　that he wanted to share his love.

---

**上掲ワークシート（資料3-3）を用いた授業：発問と生徒の発言**（第1章で登場したクラスにて）
（各文の真上に抽出して番号のふってある語彙はすでに意味を調べ終わっている）

T：Please look at the sentence No.1.　Read aloud together with me.
　　＊ゆっくりと音読する教師と共に生徒も声を出す（出さない生徒もいる）。
T：Thank you! Yuji, please read again.　ユウジくん，最初から Sugar まで読んで。
　　＊ユウジ，読む。
T：Nice reading, thank you!　いつごろ，どこで，ですか？
　　Please say Japanese for "some time ago in Calcutta", Akira.
アキラ：「しばらく前，コルカタで」
T：Very Good. ではみなさん，Some time ago in Calcutta, 誰がどういう状況でしたか？　Taro,
　　Please say in Japanese.
Taro：???
T：へんな日本語になってもいいよ。読み取ったまま言って。
Taro：私たちは持っていた
T：Good!!　何を持っていた？　そのまま続けて。
Taro：困難を持っていた
T：そうです!　困難を持っていた，変な日本語ですが，「苦労していた」という状況を英語ではこ
　　う表現します。何するのに苦労していたのか，を in でつなぎますよ。ではみなさん，何するのに
　　苦労していたのか，考えて。サチさん，please answer.
サチ：砂糖を手に入れるのに。
T：Very good. そのとおりです。ではここではなぜ get が getting になっているのですか？
　　in は前置詞ですね。前置詞は何の前に置く詞やった？

44

を認識させる。

④　このクラスには文字認識に困難を抱える生徒がいたため，語彙の書き出しをページの右端ではなく文のすぐ上にしている。

⑤　発問や音読指示は英語で行うため，わかりやすいよう，各文章に番号をふっている。

さらに，生徒と教師のやりとりを見てください。生徒の思考が英文の構造に沿って自然に流れるように発問内容を設定し，繰り返し音読することを通して，からだごと学ぶことをめざして発問と活動を工夫しています。


### 思考を具体化させて安心感を

あらかじめ英文がプリントされ，意味のかたまりごとにはっきりと縦線が引かれたワークシートが読む作業を助けることを，私は読むこと（音読と書写）に対して極度に困難を抱えている生徒（のちにディスレクシアと診断された）への対策のなかで発見しました。「意味のかたまりごとに縦線を入れてみたけど，このワークシートどう？」という問いかけに「これ，すごくいい！　読める！」と応答してくれた際の生徒の明るい顔は忘れられません。

このタイプのワークシートは書写が苦手な学習者だけでなく音声の聞き取りが苦手な学習者など多様なタイプの学習者に歓迎され，次に同僚に共有され，結局ノーマルな授業用シートとして活用されるようになりました。

生徒たちはそのワークシートをノートとして使用して授業を聴き，縦線で区切られた部分を前から順に読み取り，意味のかたまりがそれぞれ互いにどのようにつながっていくのか，日本語のつながり方とどう違うのかを考えることに集中することができました。

このように，日本語とは異なる英語の文構造を分析的に見抜いて意味のかたまりを順に理解していくことは，英語学習に必要な基礎的知識・スキルの大切な一つです。42ページで紹介したような学び直しワークシートを使って1〜2か月で日英の文構造の違いを演習することは効果的ですが，それ以

降の学習にも資料3-3のような，学習者の思考を導く工夫が必要です。

### 単純化 ―― 複雑な文脈を具体的に砕く

　私は資料3-4のように英文を意味のかたまりで区切ることと，「主語＋述語」構造を明示すること，さらに区切った部分ごとに母語（日本語）で意味を確認すること，を通じて文構造の違いを伝えています。部分ごとの意味を日本語に直して理解しますが，それを日本語の語順でなく英語の構造のまま理解できるように訓練することを通じて，日本人学習者に英語の文構造が理解されていくことをねらいました。この語順に習熟してくると，口頭での表現の場合に迷わず主語を設定するようになりました。

資料3-4　英文構造図の例

| Coincident index | suggests | Japan's economy | may be | in recession. |
| --- | --- | --- | --- | --- |
| _____は | | _____が | | _____と。|
| （一致指標は示している | | 日本経済がおそらく不況に陥っていると）| | |

主語に下線を引き述語動詞を○で囲み、構造を視覚化する。英文の構造のまま日本語化する。

### 具体的思考を促す読解ワークシート

　つまずきを回避する工夫 ―― 教科書と併行して作成するワークシートの効果についてまとめると次のようになります。

① 　生徒が英語の文構造を理解することを援助するために引かれた縦線が，英文を意味のかたまりごとに部分として浮かびあがらせる。当該生徒たちの認識力に合わせて区切り目を調節する。生徒が英文を部分ごとに日本語を通して理解することによって，長い英文が意味を持つものとして現れる。

② 　部分理解を全体像理解へと立ち上がらせ，英語による語順理解に体をなじませるために，内容を確認しながら音読をする。

　学び直しと資料3-3のようなワークシートを使った読み取りを通じた英文の構造理解の試みが軌道に乗り，入学時には英語の苦手な生徒たちも，ゆっくりと考えながら読み進める方法であれば長い英文も理解できることが明らかになってきました。また，習得した英語を使って自己表現することを通じてより習熟が深まることも生徒たちから教えられました。

### 教材に現実感を持って

　前項では英文を読む際に，「なんとなく」ではなくて，「具体的に」思考しながら読むように導く方策を紹介しました。加えて，教材に生徒が現実感を持つことも具体的な思考につながります。とかく抽象的になりがちな文法の授業ではそれが効果的です。

　比較表現を学んだ授業を復習するための小テストでのことでした。私が英作文問題を日本語で読み上げて，生徒たちがそれを英語に直して書くのですが，「利根川は日本で一番長い川です」と問題を読み上げた時に，ヒロシくんが「えっ？」と声をあげました。

　私「違った？　私，間違えた?!」

　ヒロシくん「利根川は2番目。一番長いのは信濃川」

　私「あーそうなの？　信濃川！　みなさん，英文を直して〜！　The Tone
　　　ではなくて The Shinano を主語にしてください」

　ヒロシくん「利根川は流域面積が1位」

　私「ヒロシくん，さすがやな〜」（ヒロシくんは釣りの名人）

　ゴシゴシという消しゴムの音とともに，「長いのは信濃川なんや〜」「知ってた？」等々のつぶやきが聞こえてきます。

　英作文の教材を作る際に大切にしているのは，例文として使う英文や練習として生徒に作ってもらう英文が現実を語るものになっているかどうか，ということです。

　また，“I” の扱い方にも気を使っています。問題集には無数の“I”を主

語にした英文が載っていますが，実態のない"I"ではなくて，現実のここにいる"I"を主語にして，その"I"の事実を英語にしてこそ，言葉が学習者に獲得されていくのだろうと，私は考えます。この方針は，比較級を使う練習の場合ですと隣同士で背比べをして，"I am taller than 〜 ."あるいは"I am shorter than 〜 ."という表現をする，仮定法の練習ですと「もしもこの学校の校長だったら，私は〜する」などの表現をそれぞれが工夫してつくって発表し合う，というふうに生かしていきます。授業のなかで新たに学んでいく教科内容の文脈に自分が乗っていると感じた時に，生徒たちは予想外の集中力と思考力を発揮してくれるということを，日々実感してきました。

### 英文法 ── 暗記でなく理解を

　文法学習は学習者が「暗記科目」だととらえてしまいがちですが，日本語とは異なる英語の文構造と規則を論理的に納得しながら学ぶのが文法学習だと私は考えています。進学コースの授業では文法知識を確実にするための練習問題を使っていましたが，理解抜きの「丸暗記」にならないよう，大学受験の過去問題を使って以下のような自作ワークシートを使用していました。

　「attend」は他動詞で意味は「〜に出席する」。ここで生徒に理解してほしい内容は，他動詞はそれ自体に「〜に」「〜を」という日本語の助詞にあたる意味を含むので後ろに前置詞が必要ない，ということです。この知識は他の他動詞に関しても生きてきます。

資料 3-5　動詞の語法ワークシート例

She (　　　) school regularly.
　　　① attends　② attends to　③ attends on　④ attends in

上記空欄には①attends が入る。意味は「　　　　　　　　　　　　　　」
②③④が不適当な理由を述べなさい。＿＿＿＿＿＿＿＿＿＿＿＿＿＿＿＿

# 第4章　英語のあふれる教室
## ──「わかる」「できる」「使える」

**パフォーマンス評価**

　育てることを目標とされている力，たとえば「興味のある幅広い分野に関して，理由や説明文などを加えて，意見や感想を書くことができる。後置修飾句・節を使って表現することができる」力や，「文をいくつか効果的に組み合わせて経験や夢について述べることができる」力の育成がどの程度達成されたかを知るためには，筆記テストだけでなく多様な評価方法が必要です。その評価は私たち教師の振り返りとなって次の授業つくりで改善すべき点を示してくれます。評価方法には従来多く実施されてきた筆記テストや実技テストがありますが，近年の新たに注目を集めている評価の方法にパフォーマンス評価があります。

　英語の文字認識や語彙の習得に困難を抱えているある生徒が，読んだり書いたりすることには力が発揮できないけれども，簡単な英語を話したり聴き取ったりすることはできる，という場合が大いにあります。さらに，話す内容が与えられたものでなくて自分に関する事実であれば，なおさらです。そのような「できる」ことを通じて自信が育ち，読むことも書くことも少しずつできるようになる，という事例が，第1章で述べたクラスの生徒たちでした。これは評価方法が筆記テストのみであれば見つけることのできない力でした。

　従来なんとなく教師の"勘"のようなもので感じとって行っていた学力評価を，「パフォーマンス評価」という概念を知ることによって堂々と評価計画に組みこむことができたのです。

【解説】

**パフォーマンス評価**…知識やスキルを使いこなす（活用・応用・総合する）ことを求めるような評価方法（問題や課題）

**パフォーマンス課題**…さまざまな知識やスキルを総合して使いこなすことを求めるような，複雑な課題。具体的には，論説文やレポート，展示物といった完成作品（プロダクト）や，スピーチやプレゼンテーション，実験の実施といった実演（狭義のパフォーマンス）を評価する課題。

（以上，西岡加名恵『教科と総合学習のカリキュラム設計』図書文化，2016 年，pp. 19-30）

　＊第 1 章で紹介した絵本の再話つくりや，写真のキャプション作成，第 2 章で紹介した「My Eighteen Years」の執筆などもパフォーマンス課題である。その他の英語科パフォーマンス課題は，西岡加名恵・永井正人・前野正博・田中容子編著『パフォーマンス評価で生徒の「資質・能力」を育てる』学事出版，2017 年に収録。

**ルーブリック**…成功の度合いを示す数レベル程度の尺度と，それぞれのレベルに対応するパフォーマンスの特徴を記した記述語（description）から成る評価基準表。パフォーマンス課題で生み出された作品については，さまざまな知識やスキルを総合するものであるため，○か×かで採点することはできない。そこで採点指針として用いられるのがルーブリックである。

（同上書，pp. 100-104，150-158）

　＊第 2 章の表 2-1，表 2-2 はいずれもルーブリックである。表 2-1 は特定の課題に対して作成された特定課題ルーブリック，表 2-2 は単元や学年を越えて長期にわたる成長を描き出す長期的ルーブリックである。

### 自分の言葉で語ることが生み出す力 —— パフォーマンス課題の例

　言葉を運用するには，語彙力や文の構成力など一定量の知識がなければなりません。そのためか語学の授業は往々にして「知識の詰め込み」に陥りがちです。「単語テスト」や「語法テスト」が毎週行われるという光景は，多くの高校英語授業で見られるものでしょう。

　一方で私は同僚と共に，「詰め込み」よりも，生徒が自ら考え判断してそれを使うことによる学習効果の大きさを実感してきました。もちろん「語彙形成」はしていますが，それとともに英語を自分自身のことを語る文脈で使うことも重視してきました。そのような活動をパフォーマンス課題として，年間の学習活動に生かしてきたのです。ここでは普通科基礎コース2年生の英語表現で行った同僚の細野慶教諭との協働実践である2回のインタビューテストについて紹介します。

　インタビューテストは，最初に生徒が自分の言いたいことを英語で約30秒間話し，そのあと内容について英語でインタビューを受けてやりとりをする，全部で約2分間，という内容です。インタビュアーはALTです。生徒たちは直前の授業でワークシート（次ページの資料4-1）を用いながら自分の紹介文を英語で作成し，その次の時間にインタビューを受けるのです。ワークシート作成の授業時間には，教師が生徒の間を歩き回りながら，「メモは最初から英語で書く。簡単な英語で書けるように，言いたいことを分割して」というアドバイスを何度も行いました。

　基礎コースの生徒たちは緊張しながらALTとのインタビューに臨み，実に爽やかな顔で戻ってきました。たどたどしくも一生懸命話す生徒を熱心に聴き取るALTのおかげで，生徒たちは自分の英語が通じたうれしさでいっぱいのようでした。なによりも一対一でじっと自分の話に耳を傾けてくれる人に自分の話すことを聴き取ってもらえたことが，生徒たちに大きな満足感を与えたようでした。しかしそれだけに，英語での質問を聴き取ることができずに悔しい思いをしたという声も聞かれました。

資料4-1　インタビューテストワークシート

# Interview Test

You are going to have an Interview Test with AETs, Sania &Ruth. You have to talk with them in English for about 2minutes.（インタビューテストでは AET と約2分間英語で話してもらいます）

In the interview test, you are going to introduce yourself in one minute, then Sania or Ruth will ask you a few questions.（インタビューテストでは1分で自己紹介をしてもらいます。その後 AET がいくつか質問をします）

Please tell Sania & Ruth a lot about yourself. You can tell them about yourself, for example…

★ Your name (名前)
★ Your age(年齢)
★ About your family(家族)
★ The things you do on the weekend / afterschool　（週末・放課後にしていること）
★ The person I respect（尊敬する人）
★ My favorite things / person (好きなもの・好きな人)

これらは例です。自分のことをたくさん英語で表現してくださいね。

★What we are going to evaluate(評価すること)
①自分のことについてまとまった内容で少なくとも30秒間話すことができる
②正しい英語、発音、イントネーションで英語を話すことができる
③アイコンタクトや声の音量など、積極的にコミュニケーションを図ろうとしている
④AET からの質問を理解し、適切に答えることができる

◆useful expressions◆

★私の家族は＿＿人家族です。
There are ＿＿＿ people in my family.
★私は＿部に所属している。＿＿を週＿回練習しています。
I belong to ＿ club. I practice ＿部活名＿ ...............a week.
★放課後は(友だちと)〜をしています。
I ＿＿＿＿＿＿ after school (with my friends).
★〜することは楽しいです。　It is fun to〜
★〜に興味があります。　I'm interested in〜
★将来は〜になりたいです。　I want to be 〜in the future.
★私の好きなこと/ものは〜です。〜だからです。　My favorite thing(s) is(are)〜, because〜
★私は〜することが得意です。I'm good at 〜ing.

原稿を丸暗記するのではなく、「伝える」という気持ちをもってたくさん話してください。

（細野慶教諭作成）

資料4-2の作品は，比較的英語が苦手であったアヤコさんのものです（添削されていないもの）。アヤコさんはこのメモを元にインタビューテストに臨みました。約30秒の自己紹介の後，ALTから下記のような質問がなされました。

"Where is the supermarket which you are working for?"

"Do you enjoy working there?"

"How long have you been learning dancing?"

アヤコさんは一生懸命英語で自己紹介し，質問を懸命に聴き取ろうと身を乗り出してALTとやり取りし，次のような感想を残しました。

「はじめの方は（メモを）見ないでスラスラ言えたけど，途中から詰まったし，何回も見てしまった。緊張でいつもぐらいの大きな声が出せなかった。でも，ゆっくりと発音もきちんと言えたと思う。質問の英語がイマイチよくわからなかった。単語がわからなくて日本語で答えたところもあった。練習でできたことが本番でできなくてくやしいです。次は発音をもっと良くして，目を見て，スラスラと大きな声でスピーチできるようにしたいです。そのために，家でしっかりと練習したいと思いました」（下線は筆者）

このパフォーマンス課題がアヤコさんの背中を次のステップへと押しているのがわかります。このような感想はアヤコさん以外の生徒からも多数聞かれました。一方「質問の英語がイマイチよくわからなかった」という声は，自分で英文を作って話す力に対して相手の英語を聴き取る力が弱いというこ

**資料4-2　インタビューテストに向けてのアヤコさんのメモ（2年生5月）**

My name is ....  I'm 17 years old.
My family has 5 members and 1 dog, whose name is hazuki.
I have a part-time job after school in ... Supermarket.
I work on Sunday, Tuesday, Wednesday and Saturday.
My favorite is going to live concerts.  I'm good at dancing.
I learned dancing when I was in the elementary and junior high school.  My favorite singer is Sadie of visual - kei Rock band.

とを示し，それはそのまま授業者側にとっての課題となりました。今後の授業に「聴き取る」訓練と語彙を習熟させる指導の課題があると自覚されたのでした。表4-1がインタビューテストのルーブリック（評価指標）です。

　このインタビューに続いて7月には研修旅行後1分間スピーチを行い，これらに自信を得て2学期9月には本校に2週間滞在したオーストラリアの高校生との交流授業を行いました。自分の身の回りの物でぜひ紹介したいものを1つ用意して英語で紹介する，というパフォーマンス課題でした。たこ焼き，混ぜご飯，漬物など，なぜか食べ物が多かったのですが，写真を見せながら英語で懸命に説明する姿が見られました。[(1)]

　学年末の2月にインタビューテスト2回目を行いました。これは3年生への進級を控えている生徒たちに自分たちの将来構想を語ってもらうものでした。

　生徒たちには「参考になる表現」として，インタビューテストで予想される問いに対する答えの表現例を紹介しておきました（資料4-3）。また，「自分の言いたいことの表現方法がわからなければ質問してください」と言って，

## 表4-1　インタビューテストのルーブリック

The Interview Test

|  | 5 | 4 | 3 | 2 | 1 | weight | Evaluation |
|---|---|---|---|---|---|---|---|
| Volume | Just around 30 seconds | Between20〜25 | Between10〜19 | Less than 10 | No performance | ×6=30 | |
| Delivery | Very good delivery. Very expressive. Good voice. Full eye contact. | Good delivery. Expressive. Good voice. Good eye contact. | Good voice. | Speaking reluctantly | Speaking very little English | ×6=30 | |
| Answer | Response to all the questions in good sentences | Response to almost all the questions in sentences with a little bit mistakes | Try to response to the questions in sentences | Try to response to the questions with words | Hardly able to answer the questions | ×6=30 | |
| English | Perfect sound of every consonant. | Good sound of every consonant. Showing some effort. | Good sound of almost half of the consonants. | Having a lot of mistakes. | impossible to understand | ×2=10 | |

Full score 50 ＿＿＿＿

生徒からの質問に応じて多様な表現方法を板書していきました。

　アヤコさんの第2回インタビューテストのためのメモが資料4-4ですが，資料4-3の参考例としての英文を自分なりに使いこなしているのがわかります。

資料4-3　基礎コース2年生3学期インタビューテスト

# Interview Test　part2

You are going to have an Interview Test with AETs, Sania &David. You have to talk with them in English for about 2minutes.（インタビューテストでは ALT と約2分間英語で話してもらいます）

In the interview test, you are going to talk about your future plan in one minute, then Sania or David will ask you a few questions.
（インタビューテストでは1分であなたの将来の計画について話してもらいます。その後 ALT がいくつか質問をします）

Please tell Sania & David a lot about yourself. You can tell them about yourself, for example...
★ Your name（名前）　★What do you like to do?（あなたの好きなこと）　★What are you interested in?（あなたの興味があること）
★What do you want to do after you graduate from this high school?(高校卒業後何をしたいか)
★ Why you do you want to do so ?（その理由）　★Where do you want to go(work)?（行きたい(働きたい)場所）
★ What do you want to study? Why?　((大学や専門学校などで) 何を勉強したいか)
★ What are you doing to make your dream come true.(夢実現のためにしていること)

★What we are going to evaluate(評価すること)
①自分のことについてまとまった内容で少なくとも30秒間話すことができる
②正しい英語、発音、イントネーションで英語を話すことができる
③アイコンタクトや声の音量など、積極的にコミュニケーションを図ろうとしている
④ALTからの質問を理解し、適切に答えることができる

（細野慶教諭・筆者作成）

資料4-4　第2回インタビューテストに向けてのアヤコさんのメモ
（2年生3学期2月）

My name is .... My favorite is listening to music. I'm interested in a beautician because I like hair set. I want to attend a technical college after I graduate from this high school. I want to study beauty in a technical college. To make my dream come true, I study every day.
I want to be a beautician in the future.（原文のママ）

## ジュンくんから学ぶこと —— 発信への意欲を持てる言語活動

　ジュンくんは中学時代から英語に大変な苦労をしてきたと思わせる生徒でした。英語の授業中にはいつも大きな背中を丸めて小さくなっていたのですが，語順理解に特化した学び直しと，英文を前から順に理解して読む直読方式の読み取りで少しずつ英語を理解できるようになってきていました。

　この第2回インタビューテストにおいて，ジュンくんはメモ（資料4-5）を手に ALT の先生とのインタビューに臨み，"Why do you like to work in Kyoto city?" と尋ねられて，"Because I like the city." と答えるなど，意欲的に応答していました。

　その後の英語学習のなかでのジュンくんのスッと伸びた背中が彼の変化を物語っていました。「うーん，なんか突然オープンしたんすよ」という言葉どおり，彼のなかでドラスティックな変化が起きたようでした。「私」＝「I, my, me」なのは知っているが，いつ，どれを使えばいいのかがわからない，というのがジュンくんの困難の一つだったのですが，この時のインタビューで，ジュンくん自身と「I」がようやく重なったのかもしれません。

　「自ら思考判断し，意見を発信する力」を育てる授業には，発信への意欲が持てる言語活動とその活動に取り組める教科の力を生徒のなかに育てる教科指導が必要ですが，その両輪がうまくかみ合った時，生徒は発信する行為を通じて当の教科力を自ら高めていくのだということをジュンくんの例が物語っています。インタビュー直後の彼の晴れ晴れとした表情は，自分の発話がしっかり聴き取られ，それをもとにして問答できたという達成感，満足感を示していました。他の生徒も同様の満足感を手にしたようでした。

### 資料4-5　ジュンくんのメモ（2年生3学期2月）

My name is .... I'm good at playing volleyball. My favorite things are playing volleyball and read books. I want to work after I graduate from this high school. I want to be independent from my parents. I want to work in Kyoto City. To make my dream come true, I study very hard in school. （原文のママ）

## 生徒たちの成長

　基礎コースを選ぶ生徒たちは総じて英語が苦手な状態で入学してきます。しかし，日本語とは違う言語としての英語を認識し，語順の違いに気づき，クラスの友達を前にした小規模な発表（パフォーマンス課題）を経験して，少しずつ自信をつけていきます。2年生進級当初は「英語はまったくわかりません」という態度だったミカさんの，2年生1学期中間テスト英語表現Ⅰのパフォーマンス課題におけるライティング作品を紹介しましょう。

---

　パフォーマンス課題：100ワード以上の英語で自分のことを述べなさい。その際次のような情報について書くと多くの文章が書けます。

　　　・自分の名前　　・自分の年齢　　・家族　　・週末に何をしているか

　　　・自分の大切なもの（My important thing）　　・自分の尊敬する人の紹介

　　　・好きなことの紹介　　・好きなもの・人（ミュージシャンなど）の紹介

　　　・放課後（after school）に何をしているか）

---

### 資料4-6　ミカさんの文章（2年生1学期中間テスト：目標100ワード）

Let me tell you about myself. I have been lived(living) in … since five years ago. My name is …. I am sixteen years old. I am a member (of) tennis club. My hobby is playing dance. I like taking picture. My favorite color is yellow and green. My favorite subject is music and science. My important thing is my family. I love my family. I am playing tennis after school. It is very fun. I like listening to music. Yesterday I was sleeping and studying. Thank you.（原文のママ。カッコ内は筆者が訂正・補充）

　ミカさんは，テストでは他の部分は白紙でこのパフォーマンス課題にだけしっかり取り組んでいたのでした。生徒がいったん課題を自分の文脈でとらえると，このような力が発揮されることがわかります。

　次にマミさんの作品を紹介します。マミさんは1年生の時からのつきあいで，入学直後の学び直しワークシートで「昨夜私はテレビでミュージックステーションを見た」を"Last night saw music station TV."と書いたほ

ど英語につまずきを抱えていました。

　マミさんは 1 年生学び直し期間に砂が水を吸収するように語順の違いを理解しました。資料 4-7 を見てください。2 年時の英語表現 I（2013 年度）1 学期中間テストの最終問題として課した「英語で自分のことを自由に書きなさい」という問題に答えたマミさんの英文です。もともと自己表現への意欲を十分持ち合わせていると感じられたマミさんが，自分の興味あることに関して意欲的に表現しているのがわかります。1 年後の 3 年生 1 学期中間テストの問題への解答（資料 4-8）は時間が足りなかったようですが，関係詞を用いた複文構成を試みています。

### 資料 4-7　マミさんの文章①
（2 年生 1 学期中間テスト 英語表現 I：自己紹介 100 ワード程度）

My name is …. I'm 16 years old. I have father and three brothers. I have not  (do not have) mother. I (am) reading book(s) on Sunday. I love Manga. I like love story (stories). My important thing(s) is(are) CD(s). It is (They are) CD(s) of Japanese voice actor(s). I like Dasoku. He is (a) singer. He is very cute. He is 36 years old. But I like it, because (a) man (becomes nice) from 30 years old(ママ). I like man! I don't like boy. He say(s) "I'm 33 years old forever!" I love him!（原文のママ。カッコ内は筆者が訂正，補充）

### 資料 4-8　マミさんの文章②
（3 年生 1 学期中間テスト「テーマ群の中から気に入ったものを 1 つ選び，それについて 50 ワード以上の英文を書きなさい」：50 ワード）

My hobby is reading comics. I like (a) love story very much. The all people who be (are) in the story I read will (be) happy. I like happy end very much. I like the comic(s) what(which) have "gyag coma". I don't like the comic(s) if it(the) comic(s) don't have "gyag coma".（原文のママ。本文カッコ内は筆者が訂正，補充）

　資料 4-9・4-10 は，夏季，冬季，春季の休業中に課されていた「自分が書きたい内容を 1 日 50 ワード程度の英文で 1 週間分書く」という課題に対してのマミさんの作品（抜粋）です。おそらくマミさんが頭の中で考えた日本語を直訳したものだと思われます（特に資料 4-9）。語彙や文法の誤用はあ

りますが，文構造が正しいため何を言いたいのかは伝わってきます。その3か月後の作品（資料4-10）では単純な文構造を多用して間違いがかなり減っています。

**資料4-9　マミさんの文章③**（2年生冬休み日記より：1日につき50ワード）

> I opened Christmas party with my family and my brother's friends and father's friends. My father preparationed (prepared) Kentucky Fried Chicken and sushi. Father's friends preparetioned (prepared) 94 (pieces of) pizza, because if I buy two pizza of (from) the shop one pizza become (was) free. I was asked from(by) my father to think (of) things to do in (the) party. I suggested playing Jenga and UNO and we played it (them). This was very good.（原文のママ。本文カッコ内は筆者が訂正，補充）

**資料4-10　マミさんの文章④**（2年生～3年生春休み日記より：1日につき50ワード）

> I went to AEON MALL. I decided (chose) the shop to buy my cloths. Next, I saw the film "Frozen". The movie was very exciting. So I shed tears five times and I got to love that movie. Next, I bought my cloths, for example, the cloths of spring color, (and) crocs like Formal pumps. Next, I had an Italian cuisine as a dinner. I enjoyed very much and I was very happy.（原文のママ。本文カッコ内は筆者が訂正，補充）

### 生徒を育てるパフォーマンス課題

　パフォーマンス課題とそのルーブリックを生徒に提示することで，生徒は学習活動の目標を明確に認識することができます。たとえば「自分を紹介する」パフォーマンス課題は簡単な英語で自分のことを述べる活動であるのに対して，「私が紹介したい人」はまず「書くこと」から始めて，「自分が誰を紹介したいか・その人は何をしているのか・なぜその人を紹介したいのか，を他者にわかるように書いてください」「今日は少なくとも〈自分が誰を紹介したいか・その人は何をしているのか〉まで書ききろう」と声をかけて，全員が，たとえば"Today, I will introduce Ichiro to you.""He is a Japanese baseball player who is playing in the U.S."のような文を書くところまで指導し，次の時間はそこからさらに文を書き進む，というふうに指導するのです。

研修旅行から帰校してすぐに行った1分間スピーチでは楽しかった数々の行動の記憶が新しく，原稿作成に取り組む姿が楽しそうでした。生徒の生活実感に沿うかたちのパフォーマンス課題が彼らの学習意欲を引き出し，課題への取り組みを通じて彼らのなかでの学習内容の習熟が深まっていくのだと思われました。パフォーマンス課題は教科内容と生徒の現実世界の文脈の両方を含むものだと言えるかもしれません。

パフォーマンス評価は2つの側面を持っていると考えられます。ひとつは知識や技能が総合的に習得されているかどうかを確かめる側面，もうひとつは課題の設定を生徒にとっての学習活動の動機にして課題の遂行自体を通じて生徒を育てる側面です。

### 自由に考えて英語を使う ──「できる」生徒がさらに伸びる

資料4-11の作品は，中高一貫コース高校3年生英語表現IIの学年末試験の問題の一部「『英語と私』というテーマで自由に論じなさい」に対して書かれたエッセイの一つです。表現に少々ぎこちない部分はありますが，50分間にほかに多くの問題も出されているなかで一定時間内に適切な英語で自分の考えを英語力の制約を感じさせずに述べていると言えるでしょう。数々のパフォーマンス課題を他コースでも実施しましたが，もともと英語の得意な生徒たちもこれによって表現力を伸ばしていることがわかります。

### 英語でニュースを読む
#### ── 辞書があれば読める！ 読解力を，本当のことを知る力へ

資料4-12は生徒たちに宿題として配布していた英語によるニュース読み取りワークシートの一例で，2016年度に発表されたGender Gapについての報道記事です。私は生徒たちが英語読解力を育成するためにある程度の量の英文を継続的に読む必要があると考えており，その教材にBBC（英国放送協会）やジャパンタイムズ紙などのメディアがウェブサイトで出すニュー

資料4-11　コウタくんの作品「英語と私」（3年生3学期）

「英語と私」　(英語で書きなさい。)100 words 程度

English is a tool to understand the world more efficiently for to me. If I had not learned English, I couldn't read the news articles of foreign news providers. I think that it is more suitable to understand thoughts of English speakers in English directly than in translated Japanese, because they speak and think in English. However, if we have to understand foreigners in their languages, we have to learn countless languages. It is impossible. I think that English is also a tool that solves such a situation. If many people understand English, communication will be improved. Of course, as I mentioned before, there is a limit on English translation. But we must communicate in the world, so I want to learn English more and more.

資料4-12　英字新聞読み取りワークシート①

英語毎日課題　2017年2月22日　番号＿＿＿＿＿　←4桁で。氏名＿＿＿＿＿　講座＿＿＿＿＿　座席は廊下側から＿＿＿＿列
By Dave Burke For Mailonline, PUBLISHED: 16.39 GMT, 20 February 2017 | UPDATED: 17.31 GMT, 20 February 2017

**The miracle rescue of Aya:**
Little girl is pulled alive from the rubble of a home destroyed by Assad regime bombs in Damascus

A rescue exclaimed 'God is great, God is great' in Arabic as the girl was taken to safety after the building collapsed)　collapse 崩壊する

A video, uploaded by the Syria Civil Defence, a volunteer group also known as the White Helmets, ＿＿＿＿＿, shows the girl being taken alive from the city's Tishreen neighbourhood.

One rescue worker is told telling the terrified child in Arabic: 'We're coming. Don't be afraid. We're coming.'

**BBC** Middle East　20 February 2017 Last updated at 18:49 GMT　http://www.bbc.com/news/world-middle-east-39031258
**Syria crisis: Footage shows girl 'Aya' rescue**

Footage released by Syria Civil Defence shows a girl being pulled alive from rubble.

Activists have reported air strikes in two other neighbourhoods, Qabun and Barzeh, over the weekend.

（2017年2月20日付 BBC News を元に筆者作成）

【参考資料】できるようになったこと・わかったこと

　　　普通科基礎コース英語表現Ⅰ（3年生学年末）生徒の感想から
　　　（抜粋）

・インタビューテストでは自分のことを英語で伝え，それに関しての質疑応
　答をすべて英語で行うという取り組みは，現時点での自分の英語力を確認
　するよい機会となりました。

・辞書をすごく活用して勉強することが多かったこと。今まで辞書に頼った
　ら負けだと思って自力で解こうとしてきましたが，辞書を使って意味，使
　い方，例文など，よく調べながらやる方が全然勉強になったと思いました。

・たくさん文を書く練習をしたり，答えを共有したりして英文を暗記するん
　じゃなくてちゃんと理解できたのがよかったです。グループワークが楽し
　かったので，楽しく英語を勉強できました。

・「わかった！」と思うことが多くてにぎやかしくてとても楽しい授業でした。

・最後の as ～ as や more and more とかの表現練習めっちゃがんばった。
　理由：難しかったから。

・授業中は座って考えるのが英語だと思っていたので，インタビューテストは
　先生が言っていることがどのくらいわかるのかが知れて，答える（会話する）
　ことができたので印象に残っています。

スを使ってきました。最初は担当した進学コースの生徒たちに新聞の切り抜
きコピーを配布し，生徒がそれをノートに貼って自分で日本語の記事に直す
ような課題だったのですが，ある年から A4 判用紙にワークシート化して配
布するようになりました。それと同時に，できるだけ誤訳が出ないように，
かねてから承知していた生徒たちの「つまずき」が予想される箇所に配慮し
て注釈と文構成の記号をつけはじめました。

　資料 4-12 では語順に注意を促すために主語に下線をつけ，述語動詞のか

たまりを丸で囲み、<sup>(2)</sup>前置詞に二重下線を引き、形容詞節・名詞節・副詞節をそれぞれ決めたカッコで囲んでいます。さらに日本語と大きく構造の異なる複文構造で多くの誤答が予想される箇所には矢印をつけています。

　私が英語による雑誌・新聞・ウェブ記事を読み解く課題を宿題用に作成した背景には、すべての生徒が卒業時には「英字新聞や英語のウェブサイトが読める」(Sonobe Assessment Grid の Reading 領域レベル4〜6) 力を身につけてほしいという願いがあります。資料4-13もその一例です。若者たちには国外の出来事を知ると同時に世界から日本の出来事を見た視点を経験してほしいものです。これらのワークシートは両面刷りで、片面には語彙情報と英文の構造読解へのヒントが十分与えられ、もう一方は語彙情報もヒントもまったくない面です。ヒント満載の資料4-12・4-13には意味を理解することに全力を傾けてほしいという願いが詰まっています。

## 資料4-13　英字新聞読み取りワークシート②

**BBC**　2019/6/26　本文はインターネット上の記事を使用。英文の構造理解を助けるために縦線と注釈を入れてオリジナル教材を作成

Japanese animation Spirited Away has dominated the Chinese box office over its opening weekend.

Spirited Away＿＿＿＿＿　　dominate〜を支配する　box office チケット売り場・人気　over〜〜を覆って

It made more than twice as much as Disney's Toy Story 4.

made 儲けた　　二倍以上を　　as〜 〜と比較して

The Studio Ghibli film grossed $27.7m (£21.8m), according to Maoyan, China's largest movie ticketing app.

gross 〜の総利益を上げた

Spirited Away was officially released in 2001, but only now, 18 years later, it has been released in China.

officially 正式に　release 公開する　was released 公開された　ようやく今、

The Japanese film [by famed director Hayao Miyazaki] tells the story [of a young girl [who is transported into a fantasy world]].

famed=famous ＿＿　director＿＿＿　　transport〜into- 〜を-へ運ぶ　is transported 運ばれる

The movie gained a cult following after it was released and still remains Studio Ghibli's highest grossing movie of all time.

a cult following 熱狂的なファン　　remain〜であり続けている　highest grossing 最も興行収益の多い

（2019年6月26日付 BBC News を元に筆者作成）

## 【コラム】教室の空気をつくる教師の言葉かけ

　一人ひとりの生徒を見て，その立場に立ってその生徒の時間を共有し，そこからその生徒に向かう言葉を汲みだすことは，こちらの心と体のたくさんのエネルギーを必要とします。向き合っている当の教師もまた，ひとりの人間として立ち現れなければなりませんし，ゆるぎないひとりの人間として立つことの孤独感と責任感にも耐えていかなくてはならず，それはとても厳しいことだからです。しかし教育活動の素晴らしさは，育ちゆく生徒たちからあふれてくるエネルギーがこちらにも元気を与えてくれる点にあります。

　私は自分が持っている「育ってほしい」という願いを，日々の言葉かけのなかに込めます。教師の言葉の多くは生徒たちにとっては水のように流れ去っていくものですが，日常の言葉かけがある一定のベクトルとなってその学習集団を育てていけますようにとの願いを込めているのです。

　ある日の教室場面を紹介しましょう。進学クラスで，文法の問題に取り組んでいた時間のことです。それは生徒たちがこれから各種試験で出合っていきそうな，4択や穴埋め問題，並べ替えの問題でした。生徒たちはそれぞれ自分で考えるのですが，形態は4人1グループで机を向かい合わせにしています（この形態にする理由は，私が生徒たちのノートを見やすいのと，自然発生的に隣や正面のクラスメートと相談が始まることを期待しているからです）。「問題を解く際には，なぜそうなるのかをゆっくり考えること。あいまいなものは辞書を引いて確認してください」と私が説明した後に，生徒たちは熱心に取り組みはじめました。しばらくすると40人の生徒のなかに進度の差が出てきます。早いのがよいという価値観が蔓延しないように，遅い生徒が焦らないように，私は言葉をかけていきます。いつもゆっくりだけれど確実に論理を組み立てる人には「じっくり考えているね～。よくできているよ。この調子でね」。ゆっくり考える途中で思い違いをしがちなので，とかく丸暗記に走ってしまいそうな人には，「なぜこうなるのか，きちんと考えてい

るね！　この調子でいいですよ。ちょっとここだけ説明させてくれる？」と，間違っているところを彼なりの思考をたどり直しながら説明して納得してもらいます。自分はもっと早く進めるかもしれないけれども前にいる友人が質問してくるのでそれにていねいに答えている人には，肩に手を置いて「人に説明できるようになったら本当に理解できたということだよ。説明したら頭にはりつく感じがするでしょ？　あなたはもうばっちりだね」。

　思考が遅くてもていねいに考えることのできる生徒は，1回か2回の言葉かけで大丈夫，理解に困難を感じている生徒には頻繁にのぞいて励まし軌道修正します。どんどん進んで思い違いをしていないと思い込んでいる生徒には典型的な間違いを見つけて「早くできるのね～。でももう少しゆっくり考えてここを見直してみたら？」と促します。私の授業中の言葉かけは，「学習に対する抵抗感を減らす（意欲を育てる）もの」と「その生徒にマッチした肯定感と自信を与えるもの」があるのですが，それらはいずれも，生徒を励まし学習の仕方に方向づけをするものであってほしいと願っています。

　このようにして，私は生徒に対する言葉かけの内容を通じて，教室のなかに私なりの「こうあってほしい姿」を語って歩きます。たとえばけっして直接に「教え合ってやりなさい」とは言いません。生徒たちから起こる自発的な「教え合い」でなければ成功しないからです。

---

(1) これらの言語活動については以下に詳細。田中容子「自己表現への意欲が学ぶ力に」西岡加名恵・永井正人・前野正博・田中容子編著『パフォーマンス評価で生徒の「資質・能力」を育てる』学事出版，2017年，pp. 51-90。
(2) 述語動詞を丸で囲むことは，寺島隆吉氏の「英語記号つけ理論」を参考にさせていただいた。

## 【参考資料】豊かに発揮される自律的な学びのちから

ここに紹介するのは、園部高校2年生グループ（全クラスから有志で編成）が京都府教育委員会主催「グローバルネットワーク京都・英語プレゼンテーションコンテスト：テーマ『安心して豊かに暮らせる国際社会にするには』2016」で発表したスピーチの生徒作成原稿です。5名が分担してスピーチしました。

"What can we do to realize a world where everybody is able to live a healthy and happy life?" To this question, we are going to suggest that we should seek a sustainable way of life making the best use of natural resources around us. Here, our team defined "a healthy and happy life" as a life with ordinary housing, food and clothing.

What can we do to realize a world where everybody can have ordinary housing, food and clothing?"

Before we discussed the theme, we asked all students from Sonobe Senior High school what they thought of the word "Yutakasa". One-third answered with the richness of mentality, only 20% answered with clothing, food and housing. What do these results show?

According to a theory by Maslow, a U.S. philosopher, when people's needs are satisfied, that is, food, clothing and housing, they begin to have a higher desire for good mentality. From his theory and the result of our survey, it can be said that most of the students from our school have at least the necessary things to live, clothing, food and housing. Then, what makes it possible for us to live these ordinary lives? – The answer is energy. Next, let's look at the current situation regarding energy use in our country.

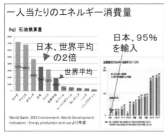

The graph on the left shows the amount of energy used by an individual per year. The average of a Japanese individual is equivalent to 3546 kg of oil, which is twice as much as the world average. The graph on the right shows the rates of self-sufficiency in energy. Japan's rate is only 5%. 95% of all the energy Japan needs is imported from overseas. What do you think of this?

To realize a world where everyone is able to live a healthy and happy life, he or she should have equal opportunity to get energy to support their lives. It should not only be accessible by some people.

So what can we do for energy to be shared fairly? We have one suggestion that we search for a way of self-sufficiency instead of mass consumption. There is a way for energy self-sufficiency by making the best of the features of Japan.

One of the greatest features is forest. Of our whole country, 37,790,000ha, we have 25,100,000ha of forest.

美山里山舎の暮らし—京都府南丹市
里山舎の理念
「持続可能な循環を生み出す」
可能な分だけ自然からいただく

『あるものの中で、自分たちが必要な
分だけ頂く。消費ありきの生産では
なく生産ありきの消費。』

In other words, 66 percent of Japan is forested. Japan has great potential for energy self-sufficiency. We can use various types of woods and water as materials for "sustainable circulation"

Now I would like to talk about a non-profit-organization whose name is 'MIYAMA SATOYAMA-SHA' in Miyama-cho, Nantanshi, where our school is located. It aims at practicing a sustainable lifestyle, depending mainly on local and traditional resources. Mr. Ozeki, it's leader, who is my father, stresses 'It is NOT impossible to live without mass production, mass consumption and relying on fossil fuels. We must not consume more than we really need.

SATOYAMA-SHA focuses on the following three projects: The first is to build traditional timber frame architecture, which is built only by frameworks such as pillars and beams without any nails. When they have become run-down, they can be returned to earth.

The second is to utilize water to generate electricity by using an instrument called Pico-hydroelectric generator. In fact, hundreds of these small generators were widely used in Hokuriku district until the beginning of Showa era.

The third is to nurture forests and utilize wood as main energy source. There is an abundance of wood in Japan, which is not currently made use of. MIYAMA SATOYAMA-SHA is attempting to utilize this rich resource. 'Nantan-danro' is a wood-burning stove designed for enjoying cooking while heating the room efficiently. 'The wood fueled boiler' can work with any burnable waste, combining modern technology and wisdom to support a 'no-waste' lifestyle. It enables life free from reliance on any fossil fuels.

"Miyama-Satoyamasya" has attracted many people from overseas. We interviewed two of them, Rotta and Yannika. They came to "Miyama-satoyamasya" to learn its ways of living in harmony with nature. Yannika said, "I am deeply impressed with Japanese traditional timber frame architecture. I am planning to create a tourism opportunity for a lot of foreign visitors to experience the lifestyle here, in Miyama.

安心して豊かに暮らせる国際社会
にするために

私たちの提案

消費優先から持続可能な生活への転換

それぞれの地域・国の特性を「知る」
そしてそれを「活かす」ことが大切

We have learned from this interview that it is important for us to put our interest and knowledge into action. If we are interested in something, that interest can lead us to learning more about it and then we can do something good with that knowledge.

Our suggestion is to turn the present lifestyle based on consumption into a sustainable way of life in good harmony with nature. The first thing to do is to know resources of our own local area, and to create a way to make full use of local resources.

To do this, we will keep in mind the following, Think Globally, Act Locally, and search for a sustainable way of life. Thank you for listening.

Think Globally,
自分の目で世界を

Act Locally
持続可能な暮らしかたを

## おわりに

　新生児を見たことのある人ならだれしも感じるのではないでしょうか，生まれたての赤ちゃんの生きようとする強い意志を。赤ちゃんはお母さんの胸に抱かれるとくちびるで乳首を探り当てて全身の力で吸い付きます。まるで自らの発達・成長への強い希求を全身で表しているかのようです。ただ仰向けに寝ている時にも呼びかけに敏感に反応して手足を動かし，教えられなくてもそのうちに寝返りを覚え，ずるずると這いはじめるうちにつかまり立ちができるようになり，1年も経つと歩きはじめます。

　しかしその赤ちゃんが幼児となり，小学生，中学生と大きくなってくるにつれて，赤ちゃんの頃に全身で表現していた発達・成長への希求は表面的には見えなくなります。そんな前向きな心持ちを持っていたことを本人さえ忘れてしまっているかのようです。学校で出合う学習活動との関係のなかで「わからない」「できない」という思いをして，自分をマイナスに評価してしまったり，「わかる」「できる」という喜びがたんに周囲との比較だけで語られていて，本人の内的な発達への自信や満足につながっていなかったりするからかもしれません。

　教育に携わる私たちは，日々の子どもたちとのかかわりのなかで，子どもたちの奥底にある発達・成長への内的な希求，「よりよく生きる」という前向きなエネルギーを引き出す努力をこそ求められています。教室で私たちが語る言葉は，子どもたちの奥深く眠る前向きなエネルギーに響く言葉でなければならないし，私たちが学校に準備する場は彼らにとってそのエネルギーを奮い立たせるものでなければなりません。

　本書では，教室を"新しい自分と出会う場"にしたいと願った実践をいくつか紹介し，その背景にある教育に込めた願いと生徒たちの姿を紹介しました。

　本書を執筆しながら，私はこれまでホームルーム担任，教科担当者として教室で出会ってきた生徒のみなさんと，共に教育をつくってきた同僚のみなさんに，自分自身がいかに助けられ教えられたかを実感していました。またここで紹介した実践の場となった京都府立園部高等学校では，現在も伊藤雅史校長を先頭に「生徒に豊かな学びを保障する授業と評価」を実現すべく日々実践研究がなされています。このことにも深く敬意と感謝を感じております。

　教育の現場では深く考える暇がなく，無我夢中で実践が始まり終わってしまいがちです。しかし，私は研究会や大学院での学び，優れた実践家や研究者の方々との出会いから多くを学ばせていただいて，それらが砂金のように心のうちに留まり，その場その場の判断を導いてくれました。

　「生徒と同じ地平に立って共に世界を見る」ことから教育が始まる，という竹内常一先生からの教えは私の実践の土台となっています。田中耕治先生からは，50歳を目前にして入学した大学院時代に「あなたが今まで実践し考えてきたことを大切に，理論をしっかり勉強しなければ」と厳しくも温かいアドバイスをいただきまして，それが今日に至るまで大きな励ましとなっております。さらに西岡加名恵先生には本書を執筆することを強くお勧めいただき，執筆中に何度もアドバイスをいただきました。そして本書の出版を企画してくださいました日本標準の郷田栄樹さま。これらの方々を抜きにしては本書は存在しませんでした。

　みなさま，本当にありがとうございました。この場を借りて心からお礼を申し上げます。


　2021年1月

田中容子

## 参考文献一覧

実践にかかわって学んだ主な文献・論文は以下です。

### 〈英語文法・英語教育〉

・Council of Europe, *Common European Framework of Reference for Languages: Learning, teaching, assessment*, Cambridge University Press, 2011（12th printing 2011）
・Quirk, R., Greenbaum, S., Leech G., Svartvik, J., *A Comprehensive Grammar of the English Language*, Longman, 1985（Fourth edition 2012）
・Swan, M., *Practical English Usage*, oxford, 1995（Fully Revised Fourth Edition 2016）

### 〈授業・学習集団の指導〉

・黒川泰男『明日の英語教育を考える』三友社出版，1979 年
・竹内常一『ケアと自治　新・生活指導の理論』高文研，2016 年
・竹内常一「自分と世界の関係をつくり変える学び」全国高校生活指導研究協議会『高校生活指導』177 号，青木書店，2008 年，pp. 20-25
・竹内常一「"抽象性による教育の支配"から"教育における具体性の復権"へ」『雑誌ひと』275 号，太郎次郎社，1995 年，p. 10
・寺島隆吉『英語記号づけ入門』三友社出版，1991 年

### 〈教育評価〉

・石井英真『今求められる学力と学びとは』日本標準，2015 年
・ウィギンズ，G., マクタイ，J. 著，西岡加名恵訳『理解をもたらすカリキュラム設計』日本標準，2012 年
・田中耕治『教育評価』岩波書店，2008 年
・西岡加名恵『教科と総合学習のカリキュラム設計』図書文化，2016 年
・ハート，D., 田中耕治監訳『パフォーマンス評価入門』ミネルヴァ書房，2012 年
・松下佳代『パフォーマンス評価』日本標準，2007 年
・McTighe, J. & Wiggins, G., *Understanding by Design: Professional Development Workbook*, ASCD, 2004

### 〈実践の背景〉

・西岡加名恵・永井正人・前野正博・田中容子，京都府立園部高等学校・附属中学校編著『パフォーマンス評価で生徒の「資質・能力」を育てる』学事出版，2017 年

## ●著者紹介

### 田中容子（たなか　ようこ）

京都大学大学院教育学研究科特任教授

1979年4月から2017年3月まで京都府立高等学校にて勤務。

主な著書に，『特別活動と生活指導』（新・教職教養シリーズ2020）（共著，協同出版），『アクティブラーニングの評価』（共著，東信堂，2016年），『パフォーマンス評価』（共著，ぎょうせい，2011年），『授業づくりで変える高校の教室3　英語』（共著，明石書店，2006年），『生徒との協同をどう生み出すか』（共著，近代文藝社，1994年），『パフォーマンス評価で生徒の「資質・能力」を育てる』（編著，学事出版，2017年），『新しい学びに向けた新指導要録・通知表〈中学校〉』（編著，ぎょうせい，2019年）など。

### 西岡加名恵（にしおか　かなえ）

京都大学大学院教育学研究科教授

日本教育方法学会常任理事，日本カリキュラム学会理事，文部科学省「育成すべき資質・能力を踏まえた教育目標・内容と評価の在り方に関する検討会」委員など。

主な著書に，『教科と総合学習のカリキュラム設計』（単著，図書文化，2016年），『教科の「深い学び」を実現するパフォーマンス評価』（共編著，2019年），『「逆向き設計」実践ガイドブック』（共編著，2020年），G・ウィギンズ＆J・マクタイ『理解をもたらすカリキュラム設計』（訳，2012年）［以上，日本標準］，『高等学校 教科と探究の新しい学習評価』（編著，学事出版，2020年），『教育課程』（編著，協同出版，2017年），『新しい教育評価入門』（共編著，有斐閣，2015年）など。

JASRAC 出 2100285-101

日本標準ブックレット No.24

# 生徒が主人公になる高校英語の授業
## ―パフォーマンス評価で，学び合う生徒たちを育てる―

2021年2月15日　第1刷発行

著　者　田中容子・西岡加名恵

発行者　河野晋三

発行所　株式会社 日本標準

〒167-0052　東京都杉並区南荻窪3-31-18

Tel 03-3334-2630［編集］　03-3334-2620［営業］

ホームページ　https://www.nipponhyojun.co.jp/

印刷・製本　株式会社 リーブルテック

ISBN 978-4-8208-0706-3

## 「日本標準ブックレット」の刊行にあたって

　日本国憲法がめざす理想の実現は，根本において教育の力に待つべきものとして教育基本法が制定され，戦後日本の教育ははじまりました。以来，教育制度，教育行政や学校，教師，子どもたちの姿など，教育の状況は幾多の変遷を経ながら現在に至っていますが，その中にあって，日々，目の前の子どもたちと向き合いながら積み重ねてきた全国の教師たちの実践が，次の時代を担う子どもたちの健やかな成長を助け，学力を保障しえてきたことは言うまでもないことです。

　しかし今，学校と教師を取り巻く環境は，教育の状況を越えて日本社会それ自体の状況の変化の中で大きく揺れています。教育の現場で発生するさまざまな問題は，広く社会の関心事にもなるようになりました。競争社会と格差社会への著しい傾斜は，家庭や地域社会の教育力の低下をもたらしています。学校教育や教師への要望はさらに強まり，向けられるまなざしは厳しく，求められる役割はますます重くなってきているようです。そして，教師の世代交代という大きな波は，教育実践の継承が重要な課題になってきていることを示しています。

　このような認識のもと，日本標準ブックレットをスタートさせることになりました。今を生きる教師に投げかけられている教育の課題は多種多様です。これらの課題について，時代の変化に伴う新しいテーマと，いつの時代にあっても確実に継承しておきたい普遍的なテーマを，教育に関心を持つ方々にわかりやすく提示しようというものです。このことによって教師にとってはこれからの道筋をつける手助けになることを目的としています。

　このブックレットが，読者のみなさまにとって意義のある役割を果たせることを願ってやみません。

2006 年 3 月　日本標準ブックレット編集室